Boff
Kleine Trinitätslehre

Für Márcia Miranda, Mutter von sechs Kindern, Laientheologin und Kampfgefährtin, für ihre Gemeinschaft mit den Unterdrückten, konkreten Ausdruck der Gemeinschaft des Vaters, des Sohnes und des Heiligen Geistes

Leonardo Boff
Kleine Trinitätslehre

Patmos Verlag
Düsseldorf

Die Originalausgabe dieses Buches erschien 1988
bei Editora Vozes, Petrópolis,
unter dem Titel
„A Santíssima Trindade é a melhor comunidade".
Aus dem brasilianischen Portugiesisch übersetzt
von Horst Goldstein.

CIP-Titelaufnahme der Deutschen Bibliothek

Boff, Leonardo:
Kleine Trinitätslehre / Leonardo Boff.
[Aus d. brasilian. Portug. übers. von Horst Goldstein]. –
1. Aufl. – Düsseldorf : Patmos-Verl., 1990
Einheitssacht.: A santíssima trindade é a melhor comunidade
<dt.>
ISBN 3-491-77788-7

© 1990 Patmos Verlag Düsseldorf
Alle Rechte vorbehalten. 1. Auflage 1990
Umschlaggestaltung: Peter J. Kahrl, Neustadt/Wied
Gesamtherstellung: Lengericher Handelsdruckerei, Lengerich
3-491-77788-7

Inhalt

Ein Wort zur Erklärung 9

Einleitung
Dreifaltigkeit – unser Befreiungsprogramm 14

I. Am Anfang steht die Gemeinschaft der Drei und nicht die Einsamkeit des Einen

1. Von der Einsamkeit des Einen zur Gemeinschaft der Drei................................. 18
2. Am Anfang ist Gemeinschaft 20
3. Warum gerade drei göttliche Personen und nicht zwei oder gar nur eine? 21
4. Von der Gefahr, zu sagen: ein Gott im Himmel und eine Obrigkeit auf Erden 24
5. Eine Erfahrung, die die Dreieinigkeit auflöst 27
6. Gleiche Ehre sei dem Vater und dem Sohn und dem Heiligen Geist........................ 29
7. Dreifaltigkeit – ein Geheimnis, das stets aufs neue erkannt sein will 31
8. Perichorese – gegenseitige Durchdringung der drei göttlichen Personen 33
9. Die beiden Hände des Vaters: Sohn und Heiliger Geist 35

II. Wie die Offenbarung der Dreifaltigkeit geschieht

10. Wie hat sich der Vater, der unendliche Zärtlichkeit ist, geoffenbart? 37
11. Wie hat sich der Sohn, der unser Bruder ist, geoffenbart? 39

12. Wie hat sich der Heilige Geist, der unsere Stärke ist, geoffenbart? 41
13. Das trinitarische Bewußtsein der ersten Christen 43
14. Altes Testament: Vorbereitung auf die Offenbarung der Dreifaltigkeit 45

III. Die menschliche Vernunft und die Dreifaltigkeit

15. Wie Christen die Dreifaltigkeit ausgesagt haben . 48
16. Drei Modelle, die Dreifaltigkeit zu verstehen ... 50
17. Schlüsselworte zur Verdeutlichung des Glaubens an die Dreifaltigkeit 52
18. Fehlformen im Verständnis der Dreifaltigkeit ... 54

IV. Die menschliche Vorstellungskraft und die Dreifaltigkeit

19. Auch mit der Phantasie glauben! 57
20. Der Mensch als Bild der Dreifaltigkeit 59
21. Die menschliche Familie als Symbol der Dreifaltigkeit 61
22. Die Gesellschaft als Bild der Dreifaltigkeit 63
23. Die Kirche als das große Symbol der Dreifaltigkeit 65
24. Die Welt als Sakrament der Dreifaltigkeit 67

V. Was die Dreifaltigkeit ist: Lebens- und Liebesgemeinschaft zwischen den göttlichen Dreien

25. Die Dreifaltigkeit ist ewige Mitteilung von Leben 70
26. Ich – Du – Wir: Dreifaltigkeit 72
27. Die Dreifaltigkeit als ewige Selbstmitteilung 74
28. Die Dreifaltigkeit ist die beste Gemeinschaft 76
29. Das Männliche und das Weibliche in der Dreifaltigkeit 79

30. Vater, Sohn und Heiliger Geist existieren seit
    jeher gemeinsam 81
31. In der Dreifaltigkeit sind alle Beziehungen
    ternär 83
32. Drei Sonnen, aber nur ein Licht: so ist auch die
    Dreifaltigkeit 85

VI. Die Gemeinschaft der Dreifaltigkeit: Kritik und Inspiration für Gesellschaft und Kirche

33. Jenseits von Kapitalismus und realem
    Sozialismus 88
34. Von einer Kirche, die sich als Gesellschaft
    versteht, zu einer Kirche, die Gemeinschaft ist .. 90

VII. Die Person des Vaters: Geheimnis der Zärtlichkeit

35. Wer ist der Vater? – Geheimnis der Zärtlichkeit .   93
36. Der Vater als ewige Quelle aller
    Geschwisterschaft 95
37. Der mütterliche Vater und die väterliche
    Mutter 97
38. Der Vater als ursprungloser Ursprung 99
39. Wie zeigt sich der Vater? – Im Geheimnis aller
    Dinge 101

VIII. Die Person des Sohnes: Geheimnis der Mitteilung und Ursprung der Befreiung

40. Wer ist der Sohn? – Ewige Mitteilung 104
41. Der ewige Sohn des ewigen Vaters im
    Heiligen Geist 106
42. Das Männliche und das Weibliche des Sohnes
    und unseres Bruders 108
43. Die Sendung des Sohnes: Alle Menschen
    befreien und zu Söhnen und Töchtern machen .. 110

IX. Die Person des Heiligen Geistes: Geheimnis der Liebe und Anbruch des Neuen

44. Wer ist der Heilige Geist? – Triebkraft umfassender Befreiung 113
45. Der Heilige Geist ist stets zusammen mit dem Sohn und mit dem Vater 115
46. Das Zugleich des Heiligen Geistes mit dem Vater und dem Sohn 117
47. Die weibliche Dimension des Heiligen Geistes .. 119
48. Die Sendung des Heiligen Geistes: Einheit stiften und das Neue schaffen 122
49. Die einzigartige Beziehung zwischen dem Heiligen Geist und Maria 124

X. Die Dreifaltigkeit im Himmel und die Dreifaltigkeit auf der Erde: Die innere Geschichte der Dreifaltigkeit spiegelt sich in der äußeren Geschichte der Schöpfung

50. Wie im Anfang: Die Ewigkeit der Dreifaltigkeit . 127
51. Die Dreifaltigkeit des Himmels offenbart sich auf der Erde 129
52. Die Ehre und die Freude der Dreifaltigkeit 131
53. Schöpfung – auf Gemeinschaft hin entworfen ... 133
54. Jede der göttlichen Personen wirkt bei der Erschaffung des Alls mit 135
55. Zeichen der Dreifaltigkeit – im Schatten der Geschichte 137
56. So auch jetzt und allezeit: Dreifaltigkeit in der Schöpfung und Schöpfung in der Dreifaltigkeit . 139

Schluß
Zusammenfassung der Trinitätslehre
Das Ganze in vielen Fragmenten 142

Ein Wort zur Erklärung

Hinter allen großen menschlichen Problemen verbirgt sich immer eine theologische Frage. Wir Menschen wollen radikal sein, das heißt: fragen nach einem letzten Sinn und suchen nach einem letztgültigen Bezugspunkt. Wer an diese Art von Fragen rührt, ist Theologe, unabhängig von seiner religiösen oder konfessionellen Heimat und unabhängig davon, ob er sich der technischen Begrifflichkeit der sogenannten »Theologie« bedient oder nicht bedient. Keiner kommt an der Frage vorbei: Was ist die letzte Struktur des Seins? Was steckt hinter dem, was wir sehen, erfahren und erleiden? Worauf können wir unsere Hoffnung setzen? Gibt es ein letztes Zuhausesein? Wer wird uns dereinst in die Arme schließen?

Die Antworten, die Menschen auf solche existentiellen und sozialen Fragen finden, werden von den Religionen gebündelt. Und die Theologien bemühen sich ihrerseits, sie mit allen Mitteln der Vernunft und sonstiger Formen von Überzeugung zu rechtfertigen. Unbeschadet dieser Institutionalisierung geht jeder Mensch auch selbst auf die Suche und bemüht sich aus eigenem Vermögen um eine Antwort, die seiner Wahrnehmung der Wirklichkeit entspricht.

In der Regel schafft sich jede Gesellschaftsform die ihr entsprechende Darstellung von Religion. Die Religion, die in einer Gruppe herrscht, ist die Religion der herrschenden Gruppe. Das herrschende Gottesbild hat damit zu tun, wie die herrschende Kultur Gott darstellt. Und das Gottesbild der herrschenden Kultur hängt wiederum von deren fundamentalen Interessen ab. So wird etwa in der kapitalistischen Gesellschaft, die ja auf der Leistung des Individuums, auf der Akkumulation der Güter durch den einzelnen und auf dem Vorrang des Individuellen vor dem Sozialen beruht, im Gottesbild normalhin herausgestellt, daß Gott ein einziger, der Herr aller Dinge, der Allmächtige und die Quelle aller Macht ist. Daraus resultiert wiederum üblicherweise, daß die irdischen Machthaber die natürlichen Stellvertreter Gottes sind. Diese Auffassung erscheint auch in einem Brief des Mongolen Mangu Khan an den französischen König, in dem es ganz folgerichtig heißt: »Dies ist die Ordnung des ewigen Gottes: Im Himmel gibt es einen einzigen ewigen Gott, und ebenso gibt es auch auf der Erde nur einen Meister: Dschingis Khan, den Sohn Gottes.« Und auf Dschingis Khans Siegel ist zu lesen: »Ein Gott im Himmel und Khan auf der Erde, Siegel des Meisters der Erde.«

Was ihre institutionell-historische Seite angeht, entwickelte sich die Kirche im Raum des Westens, der deutlich von der Konzentration der Macht in nur wenigen Händen geprägt ist. Sie gewann ihre kulturelle Gestalt nach Mustern, in denen monarchische Macht und die Prinzipien von Autorität und Eigentum über andere, mehr auf Gemeinschaft und Gemeinwesen abzielende Werte obsiegten. So erklären sich die gegenwärtigen, geschichtlich gewordenen Konturen der kirchlichen Institution samt ihrer spezifischen religiösen Arbeitsteilung zwischen Klerikern und Laien, bei der letztere bekanntlich kaum ein Mitentscheidungsrecht haben. In solch einem Kontext läßt sich das trinitarische Geheimnis, verstanden als Gemeinschaft dreier unterschiedener Personen, die bei aller Unterschiedenheit dank der Liebe und der Gemeinschaft doch ein einziger Gott sind, schwerlich vermitteln. Ihm entspräche eher eine Trinitätslehre, die auf der Einheit der einzigen göttlichen Natur bzw. der Gestalt des Vaters beruhte und diese als einzige Ursache und letzte Quelle aller

Göttlichkeit betrachtete. Nicht ohne Grund dominiert im Bewußtsein der Kirche ein a-trinitarischer oder prä-trinitarischer Monotheismus über ein wirklich trinitarisches Gottesverständnis. Eine Rückkehr zu einem radikal trinitarischen Gottesbegriff könnte der Kirche helfen, den im innerkirchlichen Verhalten noch immer herrschenden Klerikalismus und Autoritarismus hinter sich zu lassen. Die eigentliche Herausforderung für die Kirche ist weder die Säkularisierung noch die Politisierung des Glaubens; das sind kleinere Risiken; die wirkliche Herausforderung besteht für die Institution, so wie sie sich gegenwärtig mit ihrer noch immer übermäßigen Machtkonzentration beim Klerus darstellt, darin, den Glauben an die Dreifaltigkeit zu leben, das heißt: den Glauben an eine Gemeinschaft zwischen Unterschiedenen, und so selbst zu einer lebendigen und offenen Gemeinschaft zu werden. Bewegt durch solch einen Glauben, käme dann die Struktur der Kirche in einen Prozeß der Umkehr. Ja, sie würde evangelisiert. Treffend heißt es in Puebla: »Evangelisierung ist ein Aufruf zur Teilhabe an der Gemeinschaft der Dreifaltigkeit« (218). Das gilt grundlegend auch für die Kirche als Institution.

Andererseits sind der Gemeinschaftsgeist und infolgedessen die trinitarische Wurzel der Kirche ohne Zweifel besser in den Orden und im Christentum des einfachen Volkes lebendig geblieben. Hier wie dort steht die Machtausübung auf einer breiteren Basis und hat man ein feines Gespür für Geschwisterlichkeit. Sie ist es, die immer weitere Räume eröffnen muß, damit alle ohne irgendwelche Diskriminierung aufgrund des Geschlechts oder der besonderen Funktion im Gesamt der Kirche auf gleiche Weise mitdenken und mitbestimmen können. Nur so wird Wahrheit werden können, was das Zweite Vatikanische Konzil sagt: »So erscheint die ganze Kirche als ›das von der Einheit des Vaters und des Sohnes und des Heiligen Geistes her geeinte Volk«« (Lumen gentium, 4).

Ebenso beobachten wir heute in den gesellschaftlichen Prozessen einen ausgesprochenen Willen zur Teilhabe und Mitentscheidung, zur Demokratisierung und Veränderung der Gesellschaft in Richtung auf mehr Gleichheit und Partizipation, mehr Pluralismus und Geschwisterlichkeit. Sehnsüchte dieser Art können eine Brücke sein zu einem trinitarischen Gottesverständnis. Mehr noch: Sie finden im christlichen Glauben an Gott als Gemeinschaft dreier göttlicher Personen die transzendente Utopie für jedes menschliche Mühen um partizipative, gemeinschaftliche und die Unterschiede achtende Formen. Gott als Dreieinigkeit ist, was er ist. Gleichwohl gewinnt der Glaube an Gott als Dreieinigkeit unterschiedener Personen, wenn man ihn in Bezug setzt zu dieser sich abzeichnenden Wirklichkeit, eine besondere Bedeutsamkeit. Die Dreifaltigkeit offenbart sich auch in der politischen Dimension. Der Glaube an die trinitarische Gemeinschaft kann zu einer Losung umfassender Befreiung und zu einem Impuls im Ringen um persönliche, soziale und historische Partizipation werden.

Mit unseren Überlegungen möchten wir dieses gesellschaftliche Projekt aus der Mitte der Trinität heraus untermauern. Wir wollen Veränderungen in den gesellschaftlichen Beziehungen, den sozialen Relationen, weil wir an Gott als Trinität von Personen in ewiger Interrelation und unendlicher Perichorese glauben. Wir wollen eine Gesellschaft, welche die dreifaltige Gemeinschaft des Himmels besser auf der Erde widerspiegelt und welche es uns erleichtert, das Geheimnis der Gemeinschaft der göttlichen Drei besser zu erkennen.

Das vorliegende Buch übersetzt in eine verständlichere Sprache, was wir in technischer Begrifflichkeit in dem Band »Der dreieinige Gott« (Bibliothek Theologie der Befreiung, 1987) entwickelt haben. In unseren Augen ist das trinitarische Gottesverständnis so revolutionär für Gesellschaft, Kirche und Selbstverständnis des Menschen, daß wir uns entschlossen haben, es auf diese volksnähere und – hoffentlich – allgemeinverständlichere Weise zu verbreiten. Angesichts der Tatsache, daß wir hier an das Wichtigste und Faszinierendste rühren, mußten wir ständig um Worte und mit Worten ringen, damit sie möglichst dicht an das Gemeinte herankommen. Denn gemessen an dem Unsagbaren der Gemeinschaft der drei göttlichen Personen, verlieren alle Begriffe ihre Schärfe. Sie sind nichts weiter als Andeutungen und kümmerliche Hinweise auf das Geheimnis, um das wir zwar immer schon wissen, das unserem Wissen zugleich aber immer wieder entgleitet. Dennoch sind wir davon überzeugt, daß sie in die richtige Richtung deuten.

Einleitung
Dreifaltigkeit – unser
Befreiungsprogramm

Warum beschäftigen wir uns heute mit der Dreifaltigkeit? Ist es denn nicht schon schwierig genug, an einen einzigen Gott zu glauben? Und dann soll man noch an drei Personen glauben, die ein einziger Gott sind! Lohnt es sich denn überhaupt, an Gott zu glauben? Was bringt es? Was ändert sich denn in unserem Leben, wenn wir ehrlichen Herzens sagen: Ich glaube an Gott, ich glaube an den Vater, an den Sohn und an den Heiligen Geist, die in dauernder Lebens- und Liebesgemeinschaft geeint sind?

Wir sind davon überzeugt, daß es in der Tat der Mühe wert ist, an Gott zu glauben. Mit diesem Satz möchten wir unserer Auffassung Ausdruck verleihen, daß nicht der Tod, sondern das Leben das letzte Wort hat, daß nicht das Absurde, sondern das Sinnvolle das Spiel gewinnt. Wenn ich sage: Ich glaube an Gott, will ich damit bedeuten, daß da jemand ist, der mich umgibt, mich rundum in seine Arme nimmt und mich liebt, der mich von der besten Seite meiner selbst und bis in die Tiefe meines Herzens kennt, bis dorthin, wohin auch der Mensch, den ich liebe, nicht vorzudringen vermag; Gott kennt das Unerforschliche aller Geheimnisse und die Richtung aller Wege. Ich stehe nicht allein da in dieser offenen Welt mit meinen Fragen, auf die niemand eine zufriedenstellende Antwort hat. Gott ist bei mir, ist für mich da, und ich existiere für ihn und vor ihm. An Gott glauben heißt: ja sagen zu einer unüberbietbaren Zärtlichkeit, zu einer letzten Mutterbrust, zu einem grenzenlosen Schoß, in den ich mich flüchten und in dem ich am Ende doch noch Frieden finden kann in der Heiterkeit der Liebe. Wenn dem so ist, dann lohnt es sich, an Gott zu glauben. An Gott glauben macht uns mehr zu uns selbst, es potenziert unser Menschsein.

Doch ist es nicht damit getan, die Existenz Gottes zu bejahen. Es bleibt die Frage, *wie* Gott lebt und *wie* er existiert. Hier nun stoßen wir auf die Dreieinigkeit. Wir glauben, daß Gott nicht Einsamkeit, sondern Gemeinschaft ist. Nicht die Eins ist das erste, sondern die Drei. Zuerst kommt die Drei. Erst dann, aufgrund der engen Beziehung zwischen den Dreien, kommt die Eins – als Ausdruck der Einheit der Drei. An die Dreifaltigkeit glauben heißt davon überzeugt sein, daß im Ursprung alles Bestehenden und Existierenden Bewegung herrscht und ein ewiger Prozeß von Leben und Liebesent-äußerung in Gang ist. An die Dreifaltigkeit glauben heißt davon ausgehen, daß Wahrheit mit Gemeinschaft einhergeht und nicht mit Ausschluß, daß Konsens besser die Wahrheit zum Ausdruck bringt als Durchsetzen und daß Mitwirkung und Mitbestimmung vieler besser ist als das Diktat eines einzelnen. An die Dreifaltigkeit glauben heißt ja dazu sagen, daß alles mit allem zu tun hat und ein großes Ganzes bildet und daß die Einheit aus tausend Übereinkünften und nicht bloß aus einem einzigen Faktor erwächst.

Menschliches Leben ist nie bloß Leben, sondern immer Zusammenleben. Alles, was das Zusammenleben fördert, ist gut und lohnt die Mühe. Also sollten wir uns nicht scheuen, an die gemeinschaftliche Existenzweise Gottes zu glauben, an das dreieinige Wesen Gottes, der immer Gemeinschaft und Einheit von Dreien ist.

Müssen wir da noch fragen, in welchem Verhältnis dieser dreifaltige Gott zu den Menschen stehe? Die Antwort liegt auf der Hand. Er schließt uns alle ein und durchdringt uns mit seiner Gemeinschaft. Aber wie steht er zur Utopie der Armen und Unterdrückten? Immer wieder unterliegen sie den Mächtigen und lassen sich von ihnen überzeugen, sie seien schwach und unfähig zu siegen. Dennoch treibt sie Tag und Nacht der Traum von einer Menschheit ohne Unterdrückte und ohne Unterdrücker um. Die Unterdrückten sind die wahren Träger der Hoffnung, weil allein sie aus Hoffnung leben und weil sie Hoffnung brauchen, um im Widerstand und im Ringen um Befreiung nicht zu erlahmen. Was wollen denn schließlich die Armen? Sie wollen mehr als bloß Brot, ein Dach über dem Kopf und Arbeit. Sie wollen eine Gesellschaft, die so organisiert ist, daß sich alle von ihrer Arbeit ihr Brot kaufen und ihr Heim bauen können. Und eine solche Gesellschaft wird nur zustande kommen, wenn sie strukturell auf der Mitwirkung möglichst vieler ihrer Bürger aufbaut und die Möglichkeit eröffnet, mit den sozialen Ungleichheiten Schluß zu machen, und wenn es ihr darum geht, die Unterschiede zu achten und die Gemeinschaft aller untereinander wie auch mit dem transzendenten Ziel der Geschichte Wirklichkeit werden zu lassen.

In diesem Zusammenhang des Suchens und Ringens gewinnt die Dreifaltigkeit besondere Bedeutsamkeit. In ihr sehen wir unser Befreiungsprogramm voll und ganz verwirklicht. In der Tat, sie kennt Verschiedenheit und Unterschied, Gleichheit und vollkommene Gemeinschaft, und in ihr bilden die Personen eine solch dichte Gemeinschaft, daß sie eine einzige göttliche, dynamische, sich ewig neu schaffende Realität sind. Von der Betrachtung der Dreifaltigkeit leiten wir Konsequenzen ab für unsere gesellschaftliche Wirklichkeit, die es zu verändern gilt. Denn wenn wir uns unsere Sehnsüchte, vor allem die Sehnsüchte der Unterdrückten, vor Augen halten, entdecken wir, daß sie in der Dreifaltigkeit ihre utopische Konkretisierung und ihren letzten Einungspunkt finden, jenseits dessen, was sich Menschen überhaupt vorzustellen vermögen.

Es ist der Mühe wert, an die Trinität, will sagen: an

den einen Gott in Gemeinschaft, zu glauben; denn dieser Gott läßt sich mit den vornehmsten Zügen unseres Wesens zusammendenken, ohne unsere tiefsten Sehnsüchte irgendwie zu untergraben. Im Gegenteil: Dieser Gott kommt uns entgegen und bietet sich uns selbst als die volle Realisierung unserer Wünsche an.

I. Am Anfang steht die Gemeinschaft der Drei und nicht die Einsamkeit des Einen

1. Von der Einsamkeit des Einen zur Gemeinschaft der Drei

Wie ist der Gott unseres Glaubens? Viele Christen stellen sich Gott als ein unendliches und allmächtiges Sein vor, das Himmel und Erde erschaffen hat, allein für sich im Himmel lebt und die ganze Schöpfung zu seinen Füßen liegen hat. Danach wäre Gott ein gütiges, aber einsames Wesen. Andere denken an einen barmherzigen Vater oder einen strengen Richter. Doch die einen wie die anderen denken sich Gott als ein einziges höchstes Sein ohne mögliche Konkurrenten, im Glanz seiner Glorie. Mag Gott im Himmel auch von Heiligen beiderlei Geschlechts ebenso wie von Engeln umgeben sein – alle sind sie Geschöpfe, die, so großartig sie auch sein mögen, immer das Werk seiner Hände sind, ihm unterstellt, allenfalls ihm ähnlich. Grundsätzlich ist Gott demnach allein; denn es gibt ja nur einen einzigen Gott. So glauben die Menschen des Alten Testaments, so glauben Juden, Moslems und in der Regel auch Christen.

Doch wir müssen weg von der Einsamkeit des Einen, müssen hin zur Gemeinschaft der göttlichen Drei, des Vaters, des Sohnes und des Heiligen Geistes. Am Anfang stehen die Gemeinschaft zwischen den Verschiedenen, der Reichtum der Vielfalt und die Einheit als Ausdruck der Hingabe und der Schenkung der einen göttlichen Person an die andere.

Wenn Gott drei göttliche Personen in ewiger Gemeinschaft untereinander bedeutet, dann legt sich zwingend der Schluß nahe, daß auch wir, seine Kinder, zur Gemeinschaft berufen sind. Wir sind Bild und Gleichnis der Dreifaltigkeit und aufgrund dessen Gemeinschaftswesen. Einsamkeit ist die Hölle. Keiner ist eine Insel. Von allen Seiten sind wir von Menschen, von anderen Lebewesen und von Dingen umgeben. Dank der Dreifaltigkeit sind wir eingeladen, Gemeinschaftsbeziehungen zu allen hin zu unterhalten, zu geben und zu nehmen und gemeinsam an einem reichen, offenen Zusammenleben zu arbeiten, das Unterschiede gelten läßt und das Wohl aller im Auge hat.

Der christliche Glaube bestreitet nicht den Satz, es gebe nur einen einzigen Gott. Nur, er versteht die Einzigkeit Gottes anders. Aufgrund der Offenbarung des Neuen Testaments wissen wir, daß das, was in Wirklichkeit existiert, der Vater, der Sohn und der Heilige Geist ist. Gott ist Dreifaltigkeit. Gott ist Gemeinschaft der göttlichen Drei. Vater, Sohn und Heiliger Geist lieben und durchdringen einander so sehr, daß sie stets vereint sind. Was existiert, ist die Einung der drei göttlichen Personen. Diese Einung ist so tief und radikal, daß sie ein einziger Gott sind. Zum Vergleich denke man etwa an drei Quellen, die ein und denselben See speisen. Jede schickt ihr Wasser in die Richtung der anderen; jede spendet es ganz und gar, damit der eine See entsteht. Oder man könnte auch an drei Lichtquellen in einer Lampe denken, die gemeinsam ein einziges Licht bilden.

Unser Gottesbild muß christianisiert werden. Gott ist immer die Gemeinschaft der drei göttlichen Personen. Gott Vater ist nie ohne Gott Sohn und Gott Heiligen Geist. Es ist nicht damit getan, zu bekennen, Jesus sei Gott. Es muß gesagt werden, daß er Gott Sohn des Vaters in Gemeinschaft mit dem Heiligen Geist ist. Man kann nicht von einer Person sprechen, ohne auch die anderen zu nennen.

2. Am Anfang ist Gemeinschaft

Gott ist Vater, Sohn und Heiliger Geist in wechselseitiger Gemeinschaft. Die Drei koexistieren von aller Ewigkeit an, keiner ist älter oder jünger, höher oder niederer als der andere. Jede Person umgreift die anderen, alle durchdringen sich gegenseitig und wohnen ineinander. Die trinitarische Gemeinschaft ist eine so uneingeschränkte und tiefe Wirklichkeit, daß die göttlichen Drei eins werden und damit ein einziger Gott sind. Die göttliche Einheit ist gemeinschaftlich, weil jede Person in Gemeinschaft mit den beiden anderen steht.

Was bedeutet der Satz, Gott sei Gemeinschaft und folglich Dreifaltigkeit? In Gemeinschaft stehen können allein Personen. Das heißt, daß die eine in der Gegenwart der anderen ist, sich aber von ihr unterscheidet und daß sie gleichwohl in radikaler Wechselseitigkeit offen für die andere ist. Damit Gemeinschaft entstehen kann, müssen direkte und unmittelbare Beziehungen herrschen: von Auge zu Auge, von Angesicht zu Angesicht, von Herz zu Herz. Das Ergebnis wechselseitiger Hingabe und gegenseitigen Zu- und Ineinanders ist Gemeinschaft. Gemeinschaft erwächst aus persönlichen Beziehungen, in denen jeder angenommen wird, wie er ist, in denen er sich für den anderen öffnet und ihm das Beste von sich gibt.

Wenn wir also sagen, Gott sei Gemeinschaft, dann bringen wir damit zum Ausdruck, die drei Ewigen – Vater, Sohn und Heiliger Geist – seien einander zugewandt. Jede der göttlichen Personen tritt aus sich heraus und überantwortet sich den beiden anderen. Sie gibt ihnen das Leben, die Liebe, die Weisheit, die Güte und alles, was sie selbst ist. Die Personen sind unterschieden (der Vater ist weder der Sohn noch der Heilige Geist und umgekehrt), nicht damit sie nichts miteinander zu tun hätten, sondern damit sie sich vereinen und sich einander hingeben können.

Am Anfang steht nicht die Einsamkeit des Einen, eines ewigen, einzigen, unendlichen Seins. Am Anfang ist die Gemeinschaft der drei Einzigen. Gemeinschaft ist die am tiefsten Grund alles Existierenden liegende und die alles grund-legende Wirklichkeit. Dank der Gemeinschaft gibt es Liebe, Freundschaft, Wohlwollen und Schenken zwischen menschlichen und göttlichen Personen. Die Gemeinschaft der Dreifaltigkeit ist nicht in sich selbst verschlossen, sondern öffnet sich nach außen. Alles, was geschaffen ist, stellt eine Entfaltung von Leben und Gemeinschaft der drei göttlichen Personen dar. Alle Kreaturen, vor allem die Menschen, sind eingeladen, sich auf das Gemeinschaftsspiel untereinander und mit den göttlichen Personen einzulassen. Treffend sagt Jesus selbst: »Alle sollen eins sein: Wie du, Vater, in mir bist und ich in dir bin, sollen auch sie in uns sein« (Joh 17,21).

»Man hat sehr schön und tiefgehend gesagt, unser Gott sei in seinem tiefsten Geheimnis nicht ein einzelner, sondern Familie, weil er in sich selbst Vaterschaft, Kindschaft und Liebe darstellt, die das Wesentliche einer Familie ist. Diese Liebe ist innerhalb der Familie Gottes der Heilige Geist« (Johannes Paul II., Homilie am 28. Januar 1979 in Puebla, Mexiko).

3. Warum gerade drei göttliche Personen und nicht zwei oder gar nur eine?

Viele Leute tun sich schwer mit der Dreizahl der Trinität damit, daß wir behaupten, Gott sei Vater, Sohn und Heiliger Geist, sei also drei göttliche Personen. Die Schwierigkeit kommt ihnen nachgerade riesig vor, wenn wir sagen, die Drei seien Einer, mit anderen Worten: die *drei* Personen seien *ein* einziger Gott. Was soll denn das für eine Mathematik sein, in der drei gleich eins ist? Überlegungen dieser Art machen ihnen den Glauben an die Dreifaltigkeit unwahrscheinlich und lassen sie den wertvollsten Kern des Christentums preisgeben. Oder sie sagen: Am normalsten wäre es, wir redeten von drei Göttern oder blieben schlichtweg bei einem Gott.

Zunächst: Die Dreieinigkeit (Vater, Sohn und Heiliger Geist) ist keine Frage von Zahlen. Bei der Dreifaltigkeit geht es nicht um Mathematik, wo addiert und subtrahiert, dividiert und multipliziert wird. Theologie ist eine andere Art des Denkens. Wer »Trinität« sagt, addiert nicht $1+1+1=3$. Allein schon das Wort »Trinität« bzw. »Dreifaltigkeit« bzw. »Dreieinigkeit« ist eine Schöpfung unserer Sprache, die sich nicht in der Bibel findet. Zum ersten Mal begegnen wir dem Ausdruck nach dem Jahre 150, zuerst bei Theodot, einem Häretiker, und dann bei dem Laientheologen Tertullian († 220). Gott hat nichts mit Zahlen zu tun. Wenn wir von Vater, Sohn und Heiligem Geist reden, sprechen wir jedesmal von einem Einzigen. »Einzig« ist die Negation jeder Zahl. »Einzig« heißt, daß nur ein Exemplar existiert, als ob am Himmel nur ein einziger Stern strahlte, im Wasser nur ein einziger Fisch schwämme und auf der Erde nur ein einziger Mensch lebte und sonst nichts. Also müssen wir denken: Nur der Vater (und sonst niemand) existiert als Vater, nur der Sohn (und sonst niemand) als Sohn und nur der Heilige Geist (und sonst niemand) als Heiliger Geist. Genaugenommen dürfen wir nicht einmal von »drei Einzigen« sprechen, sondern müssen jedesmal sagen: der »Einzige« ist einzig, der Vater ist einzig, der Sohn ist einzig, der Heilige Geist ist einzig. Nur um es uns sprachlich leichter zu machen, reden wir ungenau von »drei Einzigen« bzw. von »Dreifaltigkeit«.

Freilich dürfen wir nicht bei dieser Art von Reflexion stehenbleiben. Sonst könnte man mit Recht einwenden, also gebe es doch drei Götter, denn es gebe ja dreimal den Einzigen. So wären wir im Tritheismus gelandet. Nein, es geht um eine andere Wahrheit: um Beziehung, um Interrelation, um ein Hineinnehmen, einen Einschluß jeder Person, um Perichorese. Die Einzigen sind nicht allein mit sich selbst beschäftigt, sondern stehen ewig in Beziehung zueinander. Der Vater ist immer der Vater des Sohnes und des Heiligen Geistes. Der Sohn ist stets der Sohn des Vaters zusammen mit dem Heiligen Geist. Und der Heilige Geist ist ewig der Geist des Sohnes und des Vaters. Interrelation und Interaktion zwischen den drei Einzigen führen dazu, daß ein einziger Gott als Gemeinschaft und als Einung existiert.

Und es ist gut, daß dem so ist: drei Personen und eine einzige Liebe, drei Einzige und eine einzige Gemeinschaft.

Gäbe es nur einen Einzigen, das heißt: einen einsamen Gott, dann existierte am Ende von allem die Einsamkeit. Hinter dem gesamten Universum mit all seiner Vielfalt und Harmonie stünde nicht Gemeinschaft, sondern schlichtweg Einsamkeit. Alles endete wie die Spitze einer Pyramide: in einem einzigen Punkt der Vereinsamung.

Gäbe es zwei Einzige, den Vater und den Sohn, dann herrschte zunächst einmal Trennung: der eine wäre anders als der andere. Sodann herrschte auch Ausschluß: der eine wäre nicht der andere. Von Gemeinschaft zwischen den beiden, will sagen: von der Einheit zwischen Vater und Sohn, wäre nichts zu spüren.

Dreifaltigkeit dagegen bedeutet Vollkommenheit; denn Dreifaltigkeit beinhaltet Einung und Einschluß. Die Trinität vermeidet die Einsamkeit des Einen, überwindet die Trennung der Zwei (Vater und Sohn) und übersteigt den Ausschluß des einen durch den anderen (des Vaters durch den Sohn, des Sohnes durch den Vater). Die Dreieinigkeit ermöglicht Gemeinschaft und Einschluß. Die dritte Gestalt bekundet Offenheit und Einung der Gegensätze. Aus diesem Grund ist der Heilige Geist, die dritte göttliche Person, immer verstanden worden als Einung und Gemeinschaft zwischen Vater und Sohn, als Ausdruck des Lebensstromes und des Durchdringungsimpulses, der in alle Ewigkeit zwischen den göttlichen Einzigen herrscht.

So ist es also keine Willkür, zu sagen, Gott sei Gemeinschaft dreier Einziger. Die Trinität zeigt, daß hinter allem, was existiert und sich bewegt, eine Dynamik wohnt, die Einung, Gemeinschaft und ewige Synthese aller Unterschiede will, in einem unendlichen, persönlichen, liebevollen und unbedingt realisierenden Ganzen.

Warum nur den Menschen die wahre Auskunft vorenthalten, ihnen das Grundrecht verweigern, zu wissen, woher jeder Mensch kommt, wohin er geht und was seine eigentliche Familie ist? Unser Woher ist die Dreieinigkeit: Wir stammen aus dem Herzen des Vaters, aus der Erkenntnis des Sohnes und aus der Liebe des Heiligen Geistes. Und wir sind unterwegs ins Reich der Dreifaltigkeit, die vollkommene Gemeinschaft und ewiges Leben ist.

4. Von der Gefahr, zu sagen: ein Gott im Himmel und eine Obrigkeit auf Erden

Es beim Glauben an einen einzigen Gott bewenden zu lassen, ohne an die Dreifaltigkeit als Einung des Vaters, des Sohnes und des Heiligen Geistes zu denken, ist gefährlich für Gesellschaft, Politik und Kirche. Zu sagen, Gott sei immer die Gemeinschaft der drei göttlichen Personen, macht es dagegen möglich, für Zusammenarbeit, für ein gutes Miteinander und für Einheit unter den verschiedenen Mitgliedern einer Familie, eines Gemeinwesens oder einer Kirche einzutreten. Ein Blick auf die Gefahren eines starren Monotheismus (Lehre von nur einem Gott) ohne Trinitätsglauben lehrt, daß dieser womöglich zu politischem Totalitarismus, religiösem Autoritarismus, sozialem Paternalismus und Machismus in der Familie führt und diese allesamt rechtfertigt.

1. *Politischer Totalitarismus.* Früher hörte man manche Leute sagen: Wie ein Gott im Himmel, so eine Obrigkeit auf Erden. Mit der Begründung, sie verhielten sich wie Gott im Himmel, herrschten Könige, Führer und politische Größen allein über ihre Völker. Gott regiere und leite die Welt ja auch ganz allein, und niemandem schulde er eine Erklärung. Auf seiten der Regierenden führte der politische Totalitarismus zu Überlegenheitsgebaren und auf seiten der Regierten zu Unterwürfigkeit. Diktatoren geben vor, allein zu wissen, was für das Volk das Beste sei. Freiheit sei ihr alleiniges Privileg. Alle anderen hätten ihren Anweisungen zu folgen und zu gehorchen. Nur wenige Länder stehen nicht in der Tradition dieses Verständnisses von Macht. Die Leute sind voll davon. Deshalb tun sie sich schwer mit der Demokratie, in der die Freiheit die Obliegenheit aller ist und alle Kinder Gottes sind.

2. *Religiöser Autoritarismus.* Manche Leute sagen auch: Wie es nur einen Gott und einen Christus gibt, so darf es auch nur eine Religion und nur ein religiöses Oberhaupt geben. Nach dieser Einschätzung strukturiert sich die religiöse Gemeinde um ein einziges Zentrum, das alles weiß, alles zu sagen hat und alles macht. Alle übrigen seien schlichte Gläubige, die zu akzeptieren hätten, was das Oberhaupt bestimme. Doch die Linie der Evangelien zum Beispiel ist eine andere. In

den Evangelien geht es stets um die Gemeinden; innerhalb ihrer haben die Leiter alle zu ermutigen.

3. *Gesellschaftlicher Paternalismus.* Manche Leute stellen sich Gott als einen großen Vater vor. Gott kümmere sich um alles, und alle Macht liege in seinen Händen. Mit ihrer Art und Weise, in Gesellschaft und Familie zu regieren, berufen sich die großen Herren dieser Welt auf Gott als Oberhaupt. Dabei vergessen sie, daß Gott einen Sohn hat und mit dem Heiligen Geist in vollkommener Gleichheit lebt. Gott Vater nimmt seinen Söhnen und Töchtern die ihnen zustehenden Mühen nicht ab. Er lädt uns ein, mitzuarbeiten. Nur der Glaube an einen Gott, der Gemeinschaft und Gemeinsamkeit ist, hilft uns in unserem Bemühen um ein geschwisterliches Zusammenleben.

4. *Machismus in der Familie.* Da Gott Vater ist, wird er mit männlichen Zügen dargestellt. Männlichkeit ist, als Folge davon, der Hort aller Werte, Weiblichkeit und Frausein rangieren erst an untergeordneter Stelle. So kam es zur Vorherrschaft des Mannes und zu einer ganzen machistischen Kultur. Diese führte zur Erstarrung sämtlicher Beziehungen und beraubte alle der Möglichkeit, sich zärtlich zu geben, vor allem aber die Frauen, die fortan allenfalls Gehilfinnen des Mannes waren. Doch Gott ist Vater, der zeugt; so wie er sich uns offenbart, zeigt er auch weibliche und mütterliche Züge. Deshalb verstehen wir ihn auch als Mutter voll unerschöpflicher Güte. Wer die drei stets zusammendenkt: Vater, Sohn und Heiligen Geist, und sie sich als gleich und als gleich würdig vergegenwärtigt, entzieht dem Männlichkeitswahn, der unseren familiären Beziehungen so schwer schadet, die ideologische Grundlage.

Der Glaube an die Dreieinigkeit korrigiert uns in unseren Verirrungen und inspiriert uns mächtig, in der Welt und in den Kirchen einträchtig zu leben.

Wenn Gott Trinität der Personen ist: Gemeinschaft des Vaters, des Sohnes und des Heiligen Geistes, dann muß das Prinzip, das in Gruppen, Gesellschaften und Kirche die Einheit stiftet und erhält, die Gemeinschaft aller Mitglieder sein, das heißt: liebende Übereinkunft und geschwisterliche Übereinstimmung.

5. Eine Erfahrung, die die Dreieinigkeit auflöst

Vater, Sohn und Heiliger Geist sind immer beisammen: Gemeinsam erschaffen sie die Welt, gemeinsam erlösen sie sie, und gemeinsam holen sie uns hinein in ihre Lebens- und Liebesgemeinschaft. Nichts in der Dreieinigkeit geschieht ohne die Gemeinschaft aller drei Personen. Viele Gläubige lösen in ihrer Frömmigkeit das Leben des dreifaltigen Gottes auf. Die einen halten sich nur an den Vater, die anderen nur an den Sohn und wieder andere nur an den Heiligen Geist. So geraten wir in unserer Gottesbegegnung auf Abwege, die für die Gemeinde abträglich sind.

1. *Religion allein des Vaters: Patriarchalismus.* Die Gestalt des Vaters ist in der Familie wie in der durch Tradition bestimmten Gesellschaft von zentraler Bedeutung. Der Vater dirigiert, entscheidet und weiß alles. Folglich stellen sich einige Leute Gott als allmächtigen Vater oder als Richter über Leben und Tod seiner Kinder vor. Alle sind abhängig von ihm, keiner ist mündig. Ein solches Verständnis kann dazu führen, daß sich die Christen in ihr Elend fügen und einen Geist der Unterwürfigkeit gegenüber Chef, Papst und Bischof entwickeln, ohne jede eigene schöpferische Initiative. Gewiß, Gott ist Vater, aber Vater des Sohnes, und gemeinsam mit dem Heiligen Geist leben sie in Gemeinschaft und Gleichheit.

2. *Religion allein des Sohnes: Avantgardismus.* Ande-

re kennen nur die Gestalt des Sohnes. Jesus Christus ist der »Kollege«, der »Genosse«, der »Gefährte«, der »Lehrer«, »unser Chef«. Vor allem bei jungen Menschen, aber auch in den »Cursillos de Cristiandad« ist solch ein enthusiastisches, jugendstrahlendes Christusbild anzutreffen. Jesus ist Bruder und glühender Führer aller Menschen. Doch dieser Jesus kennt nur horizontale Beziehungen, es fehlt ihm die vertikale Dimension, die ihn mit dem Vater verbindet. Diese Art von Religion schafft avantgardistische Christen, die den Kontakt mit dem Volk verlieren und den gemeinsamen Weg mit den Gemeinden verlassen.

3. *Religion allein des Heiligen Geistes: Spiritualismus.* Schließlich gibt es Kreise von Christen, die nur die Gestalt des Heiligen Geistes im Auge haben. Sie pflegen den Geist des Gebetes, reden in Zungen, legen einander die Hände auf und lassen ihren inneren, persönlichen Regungen freien Lauf. Diese Christen vergessen, daß der Geist immer der Geist des Sohnes und vom Vater gesandt ist, damit er das Befreiungswerk Jesu fortsetzt. *Nur* die innere Beziehung (Heiliger Geist), *nur* die nach den Seiten hin (Sohn), *nur* die vertikale (Vater) sind zuwenig. Alle drei wollen integriert sein. Was wäre mit uns, wenn wir keinen Vater hätten, der uns in seine Arme nimmt? Was, wenn dieser Vater uns nicht seinen Sohn schenkte, damit er auch uns zu seinen Töchtern und Söhnen macht? Was, wenn wir nicht den Heiligen Geist empfangen hätten, den uns der Vater auf Bitten des Sohnes hin gesandt hat, damit er in uns Wohnung nimmt und das Werk unserer Erlösung vollendet? Wir sind aufgefordert, den ganzen Glauben zu leben, in einer umfassenden Erfahrung des vollständigen Bildes von Gott als Dreieinigkeit der Personen.

Ein Mensch, der ganz und gar menschlich sein will, muß Beziehungen pflegen in drei Richtungen: nach oben, nach den Seiten und nach innen. So kommt uns die Dreifaltigkeit entgegen: Der Vater ist das unendliche »nach oben«, der Sohn das radikale »nach den Seiten« und der Heilige Geist das totale »nach innen«.

6. Gleiche Ehre sei dem Vater und dem Sohn und dem Heiligen Geist

Der Christ beginnt und beschließt den Tag mit dem Gebetsspruch »Ehre sei dem Vater und dem Sohn und dem Heiligen Geist«. Dabei geht es um erheblich mehr als nur ein Bekenntnis des Glaubens an den christlichen Gott, der immer der dreifaltige Gott ist; das Gebet ist ein Lob auf die drei göttlichen Personen, weil sie sich in der Geschichte geoffenbart und uns zur Teilhabe an ihrer göttlichen Gemeinschaft eingeladen haben. Die Antwort des Menschen und die Offenbarung der Dreieinigkeit sind Dank und Verherrlichung. Zunächst einmal sind wir begeistert, weil uns aufgeht, daß wir dank der Existenz der drei göttlichen Personen von Leben und Liebe umgeben sind, die ihre ganz innige Gemeinschaft ausstrahlt. Sodann beginnen wir zu fragen, wie die drei Personen in ihrer Gemeinschaft sind, welche Eigenschaften jede von ihnen besitzt und in welchem Verhältnis sie zur Schöpfung stehen.

In einem Gebet voll geistgewirkter Freude offenbart uns Jesus sein Sohnesgeheimnis und seine unvergleichliche Beziehung zum Vater: »Ich preise dich, Vater, Herr des Himmels und der Erde... Niemand weiß, wer der Sohn ist, nur der Vater, und niemand weiß, wer der Vater ist, nur der Sohn und der, dem es der Sohn offenbaren will« (Lk 10,21 – 22). So nähern auch wir uns der Dreifaltigkeit in Gebet, Anbetung und Danksagung.

Doch was ist damit gemeint, wenn wir das »Ehre sei

dem Vater« beten? Es geht um die Bekundung der Dreifaltigkeit, wie sie ist: Gemeinschaft der göttlichen Drei. Es geht um die Offenbarung der Gegenwart des dreifaltigen Gottes in der Geschichte. Gegenwart bringt stets Freude, Zauber und Gemeinschaftsgefühl mit sich. Wer weiß, daß Gott Gemeinschaft dreier Personen ist, die sich seit Ewigkeit grenzenlos lieben, entdeckt Schönheit und Glanz Gottes und freut sich daran. Ein Gott für sich allein strahlt weder Schönheit noch Freude aus. Dagegen schaffen drei in Gemeinsamkeit und im selben Leben vereinte Personen, die sich ewig einander schenken, Begeisterung und herzliche Freude. Und die Freude ist noch größer, wenn wir spüren, daß wir eingeladen sind, uns in ihr Leben hineinnehmen zu lassen.

Wenn wir das »Ehre sei dem Vater« beten, möchten wir Gott die Ehre zurückgeben, die wir an ihm entdeckt haben. Ehre zahlt man mit Ehre. Wir danken der Dreieinigkeit dafür, daß sie sich uns hat zeigen und bei uns hat Wohnung nehmen wollen. Wir danken dem Vater, weil er einen einziggeborenen Sohn hat und uns als Söhne und Töchter im Sohn geschaffen hat, kraft der Liebe des Heiligen Geistes. Wir freuen uns, weil er uns seinen Sohn gesandt hat, damit er unser Bruder und Erlöser wurde. Wir sind dankbar, weil Vater und Sohn uns den Heiligen Geist geschenkt haben; dieser hilft uns, Jesus Christus anzunehmen, lehrt uns, »Vater unser« zu beten, heiligt uns und führt uns ein in die trinitarische Gemeinschaft, insofern auch unser Herz zum Tempel des Geistes geworden ist.

Wie oft habe ich mich nicht in schlaflosen Nächten gefragt, wie Gott sei und welcher Name die Gemeinschaft der göttlichen Drei am besten zum Ausdruck bringe. Doch ich fand kein Wort, und von nirgendwoher kam mir ein Licht. Da fing ich an, Gott zu loben und zu preisen. Und mein Herz wurde hell. Das Fragen hatte ein Ende, ich war in die göttliche Gemeinschaft hineingenommen worden.

7. Dreifaltigkeit – ein Geheimnis, das stets aufs neue erkannt sein will

Es heißt gewöhnlich, die Dreifaltigkeit sei das größte Geheimnis unseres christlichen Glaubens. Wie können denn auch drei Personen ein einziger Gott sein? In der Tat, die Dreieinigkeit ist ein erhabenes Geheimnis, dem Schweigen angemessener ist als Reden. Allerdings muß klar sein, was mit Geheimnis gemeint ist. Normalhin heißt Geheimnis eine von Gott geoffenbarte Wahrheit, die Menschen mit ihrem Verstand nicht zu erkennen vermögen. Weder ihre Existenz ist erkennbar noch, wenn einem diese geoffenbart worden ist, ihr Inhalt.

So betrachtet, benennt das Geheimnis die Grenze, die der menschlichen Vernunft gesetzt ist. Diese bemüht sich, das Geheimnis zu erfassen; doch sobald ihre Kräfte erschöpft sind, verzichtet sie aufs Reflektieren und akzeptiert, gestützt auf die göttliche Autorität, demütig die geoffenbarte Wahrheit. Dieses Begriffs von Geheimnis bediente sich die Kirche vor allem, als Philosophen die göttliche Offenbarung durch die Philosophie ersetzen wollten. Manche Denker des 19. Jahrhunderts vertraten die Ansicht, die Wahrheiten des Christentums seien samt und sonders nichts anderes als natürliche Wahrheiten, auf die Kirche könne man verzichten und die sogenannten geoffenbarten Wahrheiten ließen sich in gedankliche Systeme integrieren.

Doch ein ursprünglicheres und sachgerechteres Verständnis von Geheimnis kennen wir aus der Alten Kirche. Demnach ist Geheimnis keine Größe, die für den menschlichen Verstand verborgen und unbegreiflich wäre. Geheimnis meint vielmehr den Heilsplan

Gottes, der hervorragenden Menschen wie großen Mystikern, heiligen Frauen und Männern, Propheten und Aposteln geoffenbart wird und den diese allen Menschen mitteilen. Die Menschen bemühen sich, ihn zu erkennen und immer wieder neu zu erkennen. Geheimnis bedeutet also nicht die Grenze der Vernunft, sondern die Grenzenlosigkeit der Vernunft. Je mehr wir Gott und seinen auf Gemeinschaft mit den Menschen abzielenden Heilsplan erkennen, desto mehr sind wir herausgefordert, ihn bis in noch größere Tiefen zu erkennen.

Die ganze Ewigkeit können wir uns in Gottes Heilsplan vertiefen, erschöpfend ergründen werden wir ihn nie. Zwar bewegen wir uns von Erkenntnisebene zu Erkenntnisebene, und immer neue Horizonte der Unendlichkeit des göttlichen Lebens tun sich uns auf; aber eine Grenze werden wir nie ausmachen. Gott ist Leben, Liebe und Fülle der Mitteilung schlechthin; und wir sind darin eingetaucht. Dieses Verständnis von Geheimnis hat nichts Angsterregendes, sondern weitet das Herz. Die Dreifaltigkeit ist ein Geheimnis – jetzt und in alle Ewigkeit. Gewiß, wir werden es mehr und mehr erkennen; aber unser Wille, es noch tiefer zu ergründen und uns über seine wachsende Kenntnis zu freuen, wird nie zur Ruhe kommen. Erkennen läßt uns singen, Singen weckt Liebe, Liebe gliedert uns ein in die Gemeinschaft mit den göttlichen Personen: Vater, Sohn und Heiligem Geist.

»Gott kann sein, was Menschen nicht verstehen« (Hilarius von Poitiers). »O Tiefe des Reichtums, der Weisheit und der Erkenntnis Gottes! Wie unergründlich sind seine Entscheidungen, wie unerforschlich seine Wege! Denn aus ihm und durch ihn und auf ihn hin ist die ganze Schöpfung. Ihm sei Ehre in Ewigkeit. Amen« (Brief an die Römer 11, 33.36).

8. Perichorese – gegenseitige Durchdringung der drei göttlichen Personen

Immer, wenn wir von der Trinität sprechen, müssen wir an die Gemeinschaft der drei göttlichen Personen denken, des Vaters, des Sohnes und des Heiligen Geistes. Gemeinschaft bedeutet hier die Einung der Personen und derart die Bekundung des einzigen dreieinigen Gottes. Doch wie haben wir uns die Gemeinschaft zwischen den göttlichen Personen vorzustellen? Orthodoxe Theologen prägten einen Ausdruck, der sich seit dem 7. Jahrhundert vor allem unter dem Einfluß des Johannes von Damaskus († 750) allmählich verbreitete: *Perichorese*. Angesichts der Tatsache, daß es in keiner modernen Sprache eine zufriedenstellende Übersetzung des Begriffs gibt, verwenden wir das griechische Original. Allerdings kommt es darauf an, genau zu wissen, was gemeint ist; denn der Ausdruck eröffnet einen lohnenden Zugang zur Trinität. Perichorese heißt erstens, daß jede Person die beiden anderen umgreift. Jede der göttlichen Personen durchdringt die andere und läßt sich von ihr durchdringen. Diese gegenseitige Durchdringung ist Ausdruck der Liebe und des Lebens, welche ja das Wesen Gottes ausmachen. Liebe will sich mitteilen, und Leben will sich ausweiten und vervielfältigen. So befinden sich die göttlichen Drei seit aller Ewigkeit in einem Ausbruch von Liebe und Leben auf den anderen hin.

Das Ergebnis des gegenseitigen Durchdringens ist, daß jede Person in der anderen wohnt. Das ist die zweite Bedeutung von »Perichorese«. Oder einfacher gesagt: Der Vater ist immer im Sohn und vermittelt ihm Leben und Liebe. Der Sohn ist immer im Vater und erkennt und anerkennt ihn als Vater. Vater und Sohn sind im Heiligen Geist als gegenseitiger Ausdruck von Leben und Liebe. Der Heilige Geist ist im Sohn und im Vater als Quelle und Bekundung des Lebens und der Liebe dieser unauslotbaren Quelle. Alle sind in allen. Treffend definiert das Konzil von Florenz 1441: »Der Vater ist ganz im Sohn und ganz im Heiligen Geist. Der Sohn ist ganz im Vater und ganz im Heiligen Geist. Der Heilige Geist ist ganz im Vater und ganz im Sohn. Keiner ist an Ewigkeit früher als der andere, keiner ragt an Größe über den anderen hinaus oder ist ihm überlegen an Macht.«

Die Trinität ist also ein Geheimnis der Einbeziehung. Das Einbeziehen verhindert, daß eine Person ohne die anderen verstanden werden kann. Der Vater muß immer zusammen mit dem Sohn und dem Heiligen Geist verstanden werden, und Entsprechendes gilt für die beiden anderen Personen. Doch könnte da nicht jemand auf den Gedanken kommen, es gebe also doch drei Götter: den Vater, den Sohn und den Heiligen Geist? Es gäbe sie in der Tat, wenn der eine neben dem anderen stände, ohne Beziehung zu ihm; es gäbe sie in der Tat, wenn zwischen den drei göttlichen Personen nicht Relationen, Beziehungen, und vollkommenes gegenseitiges Sicheinbeziehen herrschten. Es ist nicht so, daß die Drei zuerst existierten und dann erst in Beziehung miteinander träten. Anfanglos leben sie zusammen und sind seit Ewigkeit miteinander verbunden. Deshalb sind sie ein einziger Gott, der dreifaltige Gott.

Die moderne Physik hat gezeigt, daß wir nicht mehr von Elementarpartikeln sprechen können, wie Atomen, Kernen, Hadronen. In der neuen Sicht wird das Universum verstanden als ein Netz von Ereignissen, die stets in Interrelation stehen; alle Naturphänomene sind miteinander verbunden, so daß keines aus sich ohne die anderen erklärt werden kann. Wir stehen hier vor einem Reflex der göttlichen Perichorese in der Schöpfung.

9. Die beiden Hände des Vaters: Sohn und Heiliger Geist

Wie hat sich die Dreifaltigkeit geoffenbart? Zwei Wegen müssen wir nachspüren. Zunächst offenbarte sie sich im Leben der Menschen, in den Religionen und in der Geschichte und dann im Leben und Leiden, im Tod und in der Auferstehung Jesu wie auch in der Bekundung des Heiligen Geistes in den Gemeinden der Urkirche ebenso wie im Laufe der Geschichte bis in unsere Tage. Selbst wenn die Menschen nichts von der Dreifaltigkeit wüßten, hätten Vater, Sohn und Heiliger Geist seit jeher im Leben der Männer und Frauen gewohnt. Immer wenn Menschen dem Ruf ihres Gewissens folgten, immer wenn sie mehr dem Licht als den Illusionen des Fleisches gehorchten, immer wenn sie Gerechtigkeit und Liebe in den menschlichen Beziehungen praktizierten, immer dann war die Dreieinigkeit dabei. Denn all diese menschlichen Werte sind nicht losgelöst zu denken vom dreifaltigen Gott. Treffend sagt Irenäus von Lyon († 202), der Sohn und der Heilige Geist bildeten die beiden Hände, mit denen der Vater uns anrühre, umarme und immer deutlicher nach seinem Bild und Gleichnis gestalte. Der Sohn und der Heilige Geist sind in die Welt gesandt, um unter uns zu wohnen und uns in die trinitarische Gemeinschaft hineinzuholen.

In diesem Sinn war also die Dreieinigkeit in der Geschichte, in den Kämpfen und im Leben der Menschen niemals abwesend, wann immer sie auch gelebt haben.

Allerdings müssen wir stets unterscheiden zwischen der Dreifaltigkeit selbst und der Lehre von der Dreifaltigkeit. Die Realität der drei göttlichen Personen hat die menschliche Geschichte immer begleitet. Die Lehre dagegen entstand erst später, als den Menschen die

Offenbarung der Trinität aufging und sie fähig wurden, entsprechende Doktrinen zu formulieren.

In voller Deutlichkeit kommt es zur Offenbarung der Dreifaltigkeit erst mit Christus und mit den Bekundungen des Heiligen Geistes. Bis dahin finden sich in den Religionen, bei den Propheten des Alten Testaments und in einigen weisheitlichen Texten allenfalls Anspielungen auf die Trinität. Mit Jesus bricht dann das klare Bewußtsein davon an, daß Gott Vater ist und seinen eingeborenen Sohn schickt, damit er kraft des Heiligen Geistes in Jesus von Nazaret Fleisch wird. Im Schoß der Jungfrau Maria bildet der Geist die heilige Menschheit Jesu; und der Geist ist es, der sowohl Jesus mit Begeisterung erfüllt, damit er predigend und heilend durchs Land zieht, als auch die Apostel, damit sie Zeugnis ablegen und christliche Gemeinden gründen. Niemand wird Jesus Christus verstehen, wenn er ihn nicht so versteht, wie ihn die Evangelien darstellen, als Sohn des Vaters und voll des Heiligen Geistes. Die Dreifaltigkeit offenbart sich uns nicht als Lehre, sondern als Praxis: in den Taten und Worten Jesu wie auch im Wirken des Heiligen Geistes in der Welt und in den Menschen.

Vater, reich uns deine Hand und errette uns aus diesem Elend! Und der Vater, der das Schreien seiner unterdrückten Söhne und Töchter hörte, streckte seine beiden Hände aus, um uns zu befreien und liebevoll in seine Arme zu schließen: den Sohn und den Heiligen Geist.

II. Wie die Offenbarung der Dreifaltigkeit geschieht

10. Wie hat sich der Vater,
der unendliche Zärtlichkeit ist, geoffenbart?

Als die wichtigste Schriftstelle für die Offenbarung der Dreifaltigkeit durch Jesus wird sein Abschiedswort bei Matthäus angeführt: »Darum geht zu allen Völkern, und macht alle Menschen zu meinen Jüngern; tauft sie auf den Namen des Vaters und des Sohnes und des Heiligen Geistes« (Mt 28,19). Der Missionsauftrag wird nur von Matthäus überliefert. In den drei anderen Evangelien sucht man ihn vergebens.

Die Fachleute sind der Überzeugung, die Formel sei späteren Datums; sie reflektiere die Taufpraxis der Urgemeinde zur Entstehungszeit des Matthäusevangeliums, gegen das Jahr 85. Die Christen dieser Zeit hätten Leben und Worte Jesu sehr eingehend bedacht und seien zu der Erkenntnis gelangt, Jesus habe uns tatsächlich geoffenbart, wer Gott sei, will sagen: daß er Dreifaltigkeit sei, und die Glaubenden sollten auf den Namen ebendieses dreieinigen Gottes getauft werden. So gehe die Formel der Kirche in ihrem Ursprung doch auf Jesus zurück.

Wie aber hat uns Jesus die drei göttlichen Personen geoffenbart? Wir beginnen mit dem Namen des Vaters. Bekanntlich nennt Jesus Gott *Abba* (Mk 14,36), zu deutsch: *Papa, lieber Vater, Väterchen*. Wer Gott Vater nennt, zeigt damit, daß er sich als dessen Kind fühlt. Dieser Vater ist unendlich gütig und barmherzig. In langen Gebeten pflegt Jesus ein einzigartig inniges Verhältnis zu ihm. Wenn er gegenüber Sündern Barmherzigkeit walten läßt, dann deshalb, weil er es dem himmlischen Vater gleichtut, der seinem ganzen Wesen nach erbarmungsvoll ist und sogar die Undankbaren und Bösen liebt (Lk 6,35).

Und was tut der Vater? Der Vater handelt in der Welt, damit sein Reich Wirklichkeit wird. Jesus stellt die Botschaft vom Reich Gottes in den Mittelpunkt seiner Verkündigung. Reich bedeutet nicht ein Gebiet, über das ein König die Herrschaft hat. Reich bedeutet die Art und Weise, wie der Vater handelt, um die ganze Schöpfung von allen Übeln zu befreien: von Sünde, Krankheit, Spaltung und Tod, und um Liebe, Geschwisterlichkeit und Leben Raum gewinnen zu lassen.

Jesus setzt sich mit Wort und Tat dafür ein, daß das Reich des Vaters schon in dieser Welt seinen Anfang nimmt. Die Kraft, aus der er handelt, ist, wie wir noch sehen werden, der Heilige Geist. Mit dem Vater fühlt sich Jesus so eng verbunden, daß er bekennen kann: »Ich und der Vater sind eins« (Joh 10,30). Der Vater hat den Sohn schon »vor der Erschaffung der Welt« geliebt (Joh 17,24). Das heißt: Schon bevor er Schöpfer wurde, war und ist Gott der Vater des ewigen Sohnes, der Fleisch geworden ist und Jesus Christus heißt. Jesus offenbart uns den Vater, weil er sagen kann: »Wer mich gesehen hat, hat den Vater gesehen« (Joh 14,9).

Der Vater ist vor allem deshalb Vater, weil er Schöpfer ist. Doch auch schon vor der Erschaffung der Welt war er Vater, weil er seit Ewigkeit der Vater des Sohnes ist. Im Sohn entwarf er uns als seine Söhne und Töchter und darum als Schwestern und Brüder des Sohnes. Seit jeher waren wir im Herzen des Vaters. Dort haften unsere Wurzeln.

11. Wie hat sich der Sohn, der unser Bruder ist, geoffenbart?

Der Sohn hat sich geoffenbart, indem er die heilige Menschheit Jesu von Nazaret annahm. Man muß sich allerdings genau den Weg vor Augen halten, den er gewählt hat, um sich den Menschen zu erkennen zu geben. Denn er hat ihnen ja nicht von Anfang an gesagt, er sei in Jesus Fleisch geworden. Erst als die Jünger sahen, wie er betete, handelte und redete, wurde ihnen nach und nach klar, daß Jesus der Sohn Gottes und damit in ihm die zweite Person der Dreifaltigkeit gegenwärtig war.

Erstens offenbart sich der Sohn dadurch, wie Jesus betet. Jesus nennt, wie gesagt, Gott seinen »lieben Vater«, sein »Väterchen«. Wer Gott Vater nennt, fühlt sich als dessen geliebtes Kind. Tatsächlich sagt Jesus ja auch: »Niemand weiß, wer der Vater ist, nur der Sohn und der, dem es der Sohn offenbaren will« (Lk 10,22). Im Gebet offenbart Jesus seine Einheit mit dem Vater und sein inniges Verhältnis zu ihm. So kann er betend sagen: »Ich und der Vater sind eins« (Joh 10,30). Er fühlt sich als Sohn – der jedoch desselben Wesens ist wie der Vater und in lebendiger Gemeinschaft von Gleichen mit ihm steht.

Zweitens verhält sich Jesus wie jemand, der der Sohn Gottes und der Stellvertreter des Vaters ist. Er hat Mitleid mit allen Notleidenden und Armen. Kranke und Trauernde heilt und tröstet er. Alle, die mit seinen Wohltaten beschenkt werden, haben das Empfinden, vor der personifizierten Macht Gottes zu stehen. Petrus bekennt: »Du bist der Sohn des lebendigen Gottes« (Mt 16,16). Und die Gegner Jesu sind der Meinung, Jesus sei in den Raum des Göttlichen eingedrungen: Er vergibt Sünden, was ja nur Gott kann, tastet das heilige Gesetz des Mose an und führt manch befreiende

Auslegung ein. Treffen sie nicht den Nagel auf den Kopf, wenn wie ihn anklagen, er stelle sich Gott gleich (Joh 5,18)?

Drittens bezeugt der Himmel selbst, daß Jesus der Sohn Gottes ist. Wir wissen nicht, ob die biblischen Erzählungen von der Taufe und von der Verklärung auf dem Berg von konkreten Ereignissen handeln oder ob sie in literarischer Form eine innere Erfahrung Jesu vermitteln sollen, von der dann auch die Jünger Kenntnis bekommen. Auf jeden Fall ist eine Stimme zu hören, die sagt: »Das ist mein geliebter Sohn, an dem ich Gefallen gefunden habe« (Mt 3,17; 17,5). Hier wird geoffenbart, was Jesus in seiner Zurückhaltung verborgen hatte: seine göttliche Sohnschaft.

Schließlich sind Tod und Auferweckung Jesu Höhepunkte, an denen die wahre Natur Gott Vaters ebenso wie der beiden anderen göttlichen Personen offenbar wird: Liebe und volle Gemeinschaft. Im Sterben gibt Jesus sein Leben rückhaltlos für die anderen hin. Sein Tod ist die Folge der Ablehnung, deren Opfer er geworden ist. Doch gibt er sich nicht damit zufrieden, daß sein Tod lediglich für die Zurückweisung seiner Person, des Gottes, den er predigt, und des Reiches dieses Gottes steht. Freiwillig nimmt er den Tod auf sich als letzten Ausdruck der Liebe zu denen, die ihn ablehnen. Er will, daß das letzte Wort nicht der Ausschluß ist, sondern die Gemeinschaft. Jesus stirbt in Solidarität und Gemeinschaft sogar mit seinen Feinden, die ihn zum Tode verurteilen; so können Liebe und Gemeinschaft triumphieren. Dieser Triumph zeigt sich in der Auferstehung; sie ist die Fülle des Lebens in grenzenloser Offenheit und uneingeschränkter Verwirklichung. Das Leben, das sich in der Auferstehung offenbart, ist dasselbe wie das am Kreuz. Deshalb bilden Tod und Auferweckung eine Einheit; es gibt nur ein einziges österliches Geheimnis. Dieses eine Ostergeheimnis offenbart das Wesen der Dreieinigkeit: Liebe und Gemeinschaft. In diesem Geheimnis wohnt der Vater, der den Sohn liebt und mit dem Sohn leidet, wohnt der Heilige Geist, durch dessen Kraft der Sohn sein Leben hingibt und die Gemeinschaft bewahrt bis ans Ende.

Wer mit der Dreifaltigkeit vereint sein möchte, muß sich auf denselben Weg machen, den Jesus gegangen ist: inständig beten, radikal im Sinne von Gerechtigkeit und Gemeinschaft handeln und schließlich den Tod auf sich nehmen – als Ausdruck rückhaltloser Hingabe und letzter Gemeinschaft, auch mit den Feinden.

12. Wie hat sich der Heilige Geist, der unsere Stärke ist, geoffenbart?

Der Heilige Geist ist die zweite Hand, die der Vater uns reicht und mit der er uns umarmt. Vater und Sohn haben den Heiligen Geist in die Welt gesandt. Zunächst: Der Geist hat schon immer in der Welt gewirkt: er förderte das Leben, gab den Propheten Mut und Kraft und schenkte den Menschen Weisheit bei ihren Unternehmungen. Sein großes Werk aber war dann, daß er über Maria kam und in ihrem Schoß die heilige Menschheit des in Jesus Fleisch gewordenen Sohnes bildete; daß er auf Jesus herabkam, als dieser sich von Johannes taufen ließ; und daß Christus kraft seiner Wunder tat, die die Menschen von ihren Gebrechen befreiten. Jesus selbst sagt ja: »Wenn ich Dämonen durch den Geist Gottes austreibe, dann ist das Reich Gottes schon zu euch gekommen« (Mt 12,28). Nach der Himmelfahrt Jesu führt der Geist die Menschen noch tiefer in die Botschaft Christi ein und verbreitet das Evangelium allerorten. Ihm verdanken wir, daß wir glaubend und liebend zur Person des Sohnes ja sagen und »Abba, Vater unser!« beten können.

In verdichteter Weise offenbart sich der Heilige Geist an vier Orten. An erster Stelle nennen wir die Jungfrau Maria. In Maria nimmt der Heilige Geist Wohnung und erhebt sie auf die Ebene des Göttlichen. Deshalb wird das Kind, das Maria gebiert, Sohn Gottes genannt (Lk 1,35). Das Weibliche wird vom Göttlichen angerührt und verewigt. Die Frau hat fortan ihren Platz in Gott.

Der zweite Ort ist Christus. Christus ist voll des Geistes, und infolgedessen ist er der neue Mensch, vollends frei und befreit von geschichtlich bedingten Fesseln. In der Kraft des Geistes trägt er sein messianisches Programm umfassender Befreiung vor (Lk 4,18–21). Der Geist und Christus werden immer zusammen wirken, um die Schöpfung in den Schoß der Dreifaltigkeit zurückzuführen.

Drittens denken wir an die Mission. Am Pfingsttag kommt der Geist auf die Apostel herab, nimmt ihnen die Angst und sendet sie aus, damit sie die Botschaft Christi unter allen Völkern verbreiten. Daß die Mission, bei aller Vielfalt der Nationen und Sprachen, dennoch die Einheit sichtbar und greifbar werden läßt, ist das Werk des Geistes. Mannigfaltigkeit braucht nicht Durcheinander zu bedeuten, sondern kann Ausdruck des Reichtums der Einheit sein.

Der vierte Ort ist die Gemeinschaft der Menschheit und der Kirche. Hier gibt es viele Dienste und Talente. Die einen haben die Gabe, zu trösten, andere: zu koordinieren, wieder andere: zu schreiben, und schließlich gibt es Leute, die aufbauend wirken. Dasselbe gilt für die christliche Gemeinde. Auch hier gibt es eine Fülle von Diensten und Ämtern, sei es zum Wohl der Gemeinde, sei es zum Wohl der Gesellschaft. Oft genug werden dabei die alten Schemata gesprengt und neue entwickelt. Christen haben über all diese Manifestationen nachgedacht und sind zu der Erkenntnis gelangt: Auch der Heilige Geist ist Gott, mit dem Vater und mit dem Sohn. Doch stehen wir nicht vor drei Göttern, sondern vor einem einzigen Gott in Gemeinschaft der Personen.

Zeichen für die Gegenwart des Geistes sind: wenn Menschen mit Enthusiasmus an ihrer Gemeinschaft arbeiten; wenn sie den Mut haben, nach neuen Wegen für neue Probleme zu suchen; wenn sie gegen jede Form von Unterdrückung Widerstand leisten; wenn sie entschlossen sind, für die Befreiung zu kämpfen, angefangen mit der Gerechtigkeit für die Armen; wenn sie Hunger und Durst nach Gott haben und einander mit Milde begegnen.

13. Das trinitarische Bewußtsein der ersten Christen

Das Neue Testament offenbart uns die Dreifaltigkeit. Aber eine ausgearbeitete Trinitätslehre kennt es noch nicht. Eine Lehre setzt immer Fragen, Reflexion und Systematisierung der Ideen voraus. Dazu kommt es hinsichtlich der Dreifaltigkeit erst zweihundert Jahre später, als die Christen ihre Vorstellungen bezüglich Jesu und des Heiligen Geistes zu klären haben.

Dessen unbeschadet klingt aus den Schriften der ersten Christen, vor allem aus der paulinischen, petrinischen und johanneischen Literatur, ein trinitarisches Bewußtsein. Zum Ausdruck kommt es in ternären Formeln, das heißt: in Gedanken- und Wortverbindungen, in denen uns Vater, Sohn und Heiliger Geist stets gemeinsam begegnen. Das zeigt, daß die Menschen an die Dreieinigkeit *glauben,* wenn sie auch noch keine systematisch erarbeitete *Lehre* haben. Vielleicht kann man auch sagen, diese liege erst embryohaft vor. Im Folgenden betrachten wir einige der wichtigsten Texte.

Zunächst haben wir die bereits genannte Stelle der matthäischen Gemeinde: »Darum geht zu allen Völkern, und macht alle Menschen zu meinen Jüngern; tauft sie auf den Namen des Vaters, des Sohnes und des Heiligen Geistes« (Mt 28,19). Wie gesagt, dieser Text ist späten Datums (gegen das Jahr 85) und besagt: Durch die Taufe wird der Gläubige in die Gemeinschaft der Dreifaltigkeit eingegliedert und steht fortan unter dem Schutz der göttlichen Drei.

Die zweitwichtigste Stelle ist ein Satz bei Paulus, der heute in jeder Messe gesprochen wird: »Die Gnade Jesu Christi, des Herrn, die Liebe Gottes [des Vaters] und die Gemeinschaft des Heiligen Geistes sei mit euch allen« (2 Kor 13,13). Die ternäre Formel ist so ausdrücklich, daß sie keines Kommentars bedarf.

Eine andere, ähnliche Formel lesen wir im Zweiten Brief an die Thessalonicher: »Wir müssen Gott zu jeder Zeit euretwegen danken, vom Herrn geliebte Brüder, weil Gott euch als Erstlingsausgabe dazu auserwählt hat, aufgrund der Heiligung durch den Geist und aufgrund eures Glaubens an die Wahrheit gerettet zu werden. Dazu hat er euch durch unser Evangelium berufen; ihr sollt nämlich die Herrlichkeit Jesu Christi, unseres Herrn, erlangen« (2,13 – 14). Hier begegnen wir den göttlichen Dreien im Rahmen des Heilswerkes. (Es sei daran erinnert, daß jedesmal, wenn das Neue Testament von Gott spricht, es den Vater meint.) Ähnliche Texte sind: 1 Kor 12,4 – 6; Gal 3,11 – 14; 2 Kor 1,21 – 22; 3,3; Röm 14,17 – 18; 15,16; 15,40; Phil 3,3; Eph 2,20 – 22; 3,14 – 16.

Wegen ihrer Klarheit greifen wir noch ein paar andere Texte heraus: »Weil ihr ... Söhne seid, sandte Gott den Geist seines Sohnes in eure Herzen, den Geist, der ruft: Abba, Vater« (Gal 4,6). »Gott aber, der uns und euch in der Treue zu Christus festigt und der uns alle gesalbt hat, er ist es auch, der uns sein Siegel aufgedrückt hat und als ersten Anteil den Geist in unser Herz gegeben hat« (2 Kor 1,21 – 22). Durch Christus haben wir, Juden wie Heiden, »in dem einen Geist Zugang zum Vater« (Eph 2,18).

Andere Texte, die ohne große Erklärung zu verstehen sind, könnten sein: Tit 3,4 – 6; 1 Petr 1,2; Jud 20 – 21; Offb 1,4 – 5 und andere.

Der Tenor dieser Texte ist stets folgender: Im Werk der befreienden Zuwendung Gottes zu den Menschen begegnen wir immer den drei Göttlichen in Gemeinschaft, immer handeln sie gemeinsam, und immer nehmen sie uns in ihr göttliches Leben hinein.

Wichtiger, als um das Gute zu wissen, ist es, das Gute zu tun. Wichtiger, als zu wissen, daß Vater, Sohn und Heiliger Geist ein einziger Gott sind, ist, Gemeinschaft zu leben, weil Gemeinschaft das Kernstück der Dreifaltigkeit ist.

14. Altes Testament:
Vorbereitung auf die Offenbarung der Dreifaltigkeit

Wenn der einzige und wahre Gott Dreifaltigkeit der Personen – Vater, Sohn und Heiliger Geist – heißt, dann folgt daraus, daß jede Offenbarung von seiten Gottes, wann immer sie in der Geschichte erfolgt ist, eine Manifestation der Dreifaltigkeit bedeutet. Natürlich können die Menschen nicht wissen, daß jede Begegnung mit Gott immer auch eine Begegnung mit den drei göttlichen Personen beinhaltet. Doch sobald diese Wahrheit einmal bekannt ist, können wir auf alle Fälle sagen: Jede echte Gotteserfahrung bedeutet in der Tat eine Erfahrung des dreifaltigen Gottes. Im Licht dieser Wahrheit gewinnen die Weltreligionen und insbesondere das Alte Testament neue Konturen. Jetzt stoßen wir in ihnen auf Spuren des Bewußtseins, daß in Gott Vielfalt, Gemeinschaft und Liebe herrschen. So ist das Alte Testament von dem Glauben geprägt, daß es nur einen Gott gibt; zugleich bezeugt es aber auch, daß dieser Gott aus sich heraustritt, einen Bund mit den Männern und Frauen schließt, Partei für die Unterdrückten ergreift und sie befreien will.

In den Schriften des Alten Testaments begegnen wir drei »Verkörperungen«, die auf den zukünftigen Glauben an die Dreieinigkeit vorausweisen. Da ist zunächst die *Weisheit*. Die Weisheit ist der unter den Menschen gegenwärtige Gott; sie eröffnet Wege, wo Zweifel umgehen, und steckt Lichter auf, wo Menschen suchen. Sie ist Gott, gleichwohl hat sie eine relative Selbständigkeit gegenüber Gott. Eine zweite »Verkörperung« ist das *Wort Gottes*. Vermittels des Wortes ist Gott in der Gemeinde gegenwärtig: Durch das Wort läßt er die Menschen seinen Willen wissen, richtet die Geschichte, rettet die Welt und verheißt den künftigen Befreier. Das Wort ist Gott, doch besteht es zugleich verhältnismäßig unabhängig von ihm, was zeigt, daß es in Gott Einheit und Vielfalt gibt. Schließlich ist auch die *Kraft Gottes* eine »Verkörperung«. Gemeint ist der Geist der Weisheit und der Unterscheidung, des Mutes und der Heiligkeit. Gottes Kraft erweist sich in der Schöpfung und in der Geschichte ebenso wie im Leben der Menschen, vor allem in den Gerechten und in den Propheten. Das Neue Testament sieht in diesen Manifestationen die Gegenwart des Heiligen Geistes, der dritten Person in der Dreifaltigkeit.

Die Dreieinigkeit wollte sich den Menschen Schritt für Schritt zu erkennen geben. Zuerst – so Epiphanius von Salamis – »wird die Einheit bei Mose gelehrt, sodann die Zweiheit bei den Propheten verkündet und schließlich die Dreiheit in den Evangelien gefunden«.

Die Offenbarung ist wie das Leben selbst. Immer muß vorbereitet werden, was später wird. Die Morgenröte bereitet den Sonnenaufgang vor, das Samenkorn die Pflanze, die Blüte die Frucht. So bereitet auch das Alte Testament das Neue Testament vor, der Gott des Bundes den Gott der Gemeinschaft.

III. Die menschliche Vernunft und die Dreifaltigkeit

15. Wie Christen die Dreifaltigkeit ausgesagt haben

Mit dem Kommen des Sohnes und des Heiligen Geistes brach eine neue Zeit in der Menschheit an. Die ersten Christen, die sahen, was Christus tat und sagte, und spürten, wie sich der Heilige Geist zeigte, kamen zu dem Schluß, Gott Vater habe die beiden gesandt und die Drei seien Gott in Gemeinschaft und Austausch.

Anfangs reflektierte noch niemand theologisch über diese Überzeugung. Die Liturgie war der bevorzugte Ort, an dem sich der trinitarische Glaube zum Ausdruck brachte. Die Doxologien – das heißt: die Preisungen und Danksagungen – waren für die Gläubigen die Hauptanlässe, die Gegenwart des Vaters, des Sohnes und des Heiligen Geistes zu bezeugen. So schlossen die Gebete damals, wie heute, stets mit dem Satz: »Ehre sei dem Vater durch den Sohn in der Einheit des Heiligen Geistes.«

Daneben gab es auch die Sakramentenpraxis. Feierlich beging man Taufe und Eucharistie. Gemäß dem Gebot des Auferweckten, das uns Matthäus (28,19) überliefert, tauften die Christen »auf den Namen des Vaters, des Sohnes und des Heiligen Geistes«. Die ersten Meßformulare (Anaphoren bzw. Kanones) hatten stets einen trinitarischen Aufbau. Der Vater ist immer Sinn und Ziel jeder Feier. In ihr werden die Geheimnisse von Leben, Leiden, Tod, Auferstehung und Himmelfahrt Jesu begangen, wie man auch die Herabkunft des Geistes an Pfingsten und sein Werk in Gemeinde und Geschichte in Erinnerung ruft. Und alles geschieht, damit die Menschen in die dreifaltige Gemeinschaft eingehen können.

Zu verweisen ist des weiteren auf die ersten Glaubensbekenntnisse (die in der Urkirche »Symbola« hießen). Hier tritt das Bewußtsein von der Trinität schon klar zutage. Der gegenwärtige Taufritus hat noch dieselbe Struktur der Glaubensformulierung wie der Ritus im 2. Jahrhundert in Rom: »Ich glaube an Gott, den Vater, den Allmächtigen, ... und an Jesus Christus, seinen eingeborenen Sohn, unseren Herrn ... Ich glaube an den Heiligen Geist.« Und noch heute pflegen manche Christen den Brauch, den Tag mit dem Kreuzzeichen zu beginnen und ebenso zu beschließen; damit bringen sie den Glauben an den christlichen Gott, der immer Gemeinschaft und gemeinsame Gegenwart der drei Personen ist, zum Ausdruck.

Im 3. Jahrhundert setzt schließlich die theologische Reflexion ein. Zuerst fragt man sich nach der wahren Natur Christi: Sie ist dieselbe wie die des Vaters. Deshalb ist Jesus Christus ebenso Gott wie der Vater und mit dem Vater. Sodann klärt sich, daß auch der Geist ebenso wie der Vater und der Sohn und mit dem Vater und dem Sohn Gott ist. Erst das Konzil von Konstantinopel 381 bietet die begrifflich vollständige Definition, daß Gott drei *Personen* ist, in der Einheit der einen selben *Natur* von Liebe und Gemeinschaft.

Das reflexe Denken hat nie das erste Wort. Zuerst kommen das Leben und die Feier des Lebens und der Arbeit. Erst dann kommen Reflexion und Lehre. Nicht anders verhielten sich die ersten Christen. Am Anfang lobten sie den Vater, den Sohn und den Heiligen Geist, und dann spendeten sie die Taufe im Namen der Dreifaltigkeit. Erst am Ende begannen sie, darüber nachzudenken, was sie da feierten und taten.

16. Drei Modelle, die Dreifaltigkeit zu verstehen

Im Lauf der Geschichte haben die Christen drei Hauptmodelle entwickelt, nach denen sie das Geheimnis der Dreifaltigkeit in mehr systematischer Form darstellten: ein griechisches, ein lateinisches und ein modernes. Wir wollen die drei Figuren der Reihe nach betrachten.

Die *Griechen* gingen von der Person des Vaters aus. Im Vater sahen sie die Quelle und den Ursprung aller Göttlichkeit und alles Bestehenden. Im Credo heißt es denn auch: »Ich glaube an Gott, den *Vater,* den Allmächtigen.« Der Vater ist voll Erkenntnis und Liebe. Indem er sich selbst zum Ausdruck bringt, zeugt er aus sich den Sohn als höchste Äußerung seiner Natur, als sein Wort, das sein ursprungloses Geheimnis offenbart. Indem er das Wort (den Sohn) ausspricht, gibt er auch den Hauch von sich. So haucht er den Heiligen Geist; der Heilige Geist geht zugleich mit dem Sohn vom Vater aus. Auf diese Weise vertraut der Vater den beiden Personen seine ganze Wesenheit und Natur an. Damit sind die Drei wesensgleich, will sagen: haben gemeinsam dieselbe Natur und sind mithin Gott.

Für die *Lateiner* stand die eine göttliche Natur im Vordergrund. Die Natur ist geistig und daher voller Vitalität und innerer Dynamik. Dieses geistige Prinzip, insofern es ewig ist und weder Anfang noch Ende hat, heißt Vater. Insofern sich der Vater selber erkennt und sich als Wort nach außen ausspricht, zeugt er den Sohn. Insofern Vater und Sohn einander zugewandt sind und sich erkennen und lieben, hauchen sie gemeinsam (als ein einziges Prinzip und in einer einzigen Bewegung) den Geist. Wenn die Griechen im Credo das Augenmerk auf das Element »Vater« (»Ich glaube an Gott, den *Vater,* den Allmächtigen...«) richteten, lag den Lateinern mehr an dem Aspekt »Gott« (»Ich glaube an *Gott...*«); erst von dort aus nahmen sie die Person des Vaters in den Blick.

Moderne Theologen gehen vorzugsweise von den Beziehungen zwischen den drei göttlichen Personen aus. Sie legen größtes Gewicht auf das Neue des Christentums. Gott ist von jeher Vater, Sohn und Heiliger Geist. Dabei durchdringen sich aber die drei Personen so radikal und sind durch ein so dichtes, starkes Liebesband aneinander gebunden, daß sie ein einziger Gott sind. Vater, Sohn und Heiliger Geist sind drei Liebende einer einzigen Liebe oder drei Träger einer einzigen Gemeinschaft.

Jede dieser Sichtweisen hat ihre Vorteile.

In einer Welt, in der die Neigung herrscht, viele Götter und viele Fetische zu verehren, empfiehlt es sich, die Einheit der göttlichen Natur zu unterstreichen.

In einem Umfeld, in dem die Einzigkeit und Absolutheit Gottes wie auch die Konzentration der politischen und religiösen Macht überbetont wird, sollte die Dreizahl der Personen in Gemeinschaft gebührend zum Zuge kommen.

In einer von Egoismus geprägten Gesellschaft, in der das Gemeinschaftsempfinden zu schwach ist, als daß es die Beziehungen humanisieren könnte, und in der die Unterschiede nicht respektiert werden, ist es angezeigt, von den auf Gleichheit und Einheit gründenden Liebesbeziehungen der drei Personen auszugehen. So wird deutlich, daß die Dreifaltigkeit die beste Gemeinschaft ist und das Befreiungsprogramm für die Christen darstellt.

Philosophen reden von Gott gern als von dem Absoluten. Doch diese Redeweise hat einen Nachteil: Sie baut stets einen grundsätzlichen Dualismus auf zwischen dem Absoluten und dem Relativen, zwischen Ewigkeit und Zeit, zwischen Gott und Welt. Christen hingegen ziehen es vor, von der Gemeinschaft der göttlichen Personen zu sprechen, die immer inklusiv ist, das heißt: Menschheit, Welt und Zeit einschließt.

17. Schlüsselworte zur Verdeutlichung des Glaubens an die Dreifaltigkeit

Nachdem die Kirche einhundertfünfzig Jahre lang reflektiert und diskutiert und Bischofskonferenzen veranstaltet hatte, legte sie schließlich die Schlüsselworte fest, mit denen sie ihren Glauben an die Dreifaltigkeit ohne Irrtum und Verzerrung zum Ausdruck bringen zu können meinte. Zugegeben: Die Begriffe muten kalt und formal an. Doch sie wollen mit dem Herzen veredelt werden; das Herz aber erwärmt sich, wenn es gewahrt, daß es das Gefäß ist, in dem die drei göttlichen Personen wohnen.

Die eine einzige göttliche Natur: Um auszudrücken, was in der Dreieinigkeit das Einende ist und was die drei Personen zu einem einzigen Gott macht, griff die Kirche zu dem Wort »Natur« (Substanz, Wesenheit). Natur ist die Wesenheit Gottes unter ihrem dynamischen Aspekt, also das, was Gott Gott sein läßt und ihn von jedem nur möglichen anderen Sein unterscheidet. Diese Natur ist zahlenmäßig eine und findet sich im Vater, im Sohn und im Heiligen Geist.

Person ist das, was die Unterschiede in Gott ausmacht – zwischen Vater, Sohn und Heiligem Geist. Unter Person verstehen wir die Individualität, die – wiewohl den anderen zugewandt – in einem einzigartigen, von den anderen Existenzen unterschiedenen Dasein existiert. So unterscheidet sich der Vater vom Sohn, wenn dieser auch nicht etwas anderes als der Vater ist, denn er hat ja dieselbe Natur. Es ist konstitutiv für jede Person, für die andere offen zu sein und sich ihr ganz zu geben, so daß der Vater ganz im Sohn und im Heiligen Geist ist und so jede Person in den beiden anderen.

Hervorgang heißt die Art und Weise bzw. die Ordnung, wie eine Person aus der anderen hervorgeht. Es gibt zwei Hervorgänge: die Zeugung des Sohnes und die Hauchung des Heiligen Geistes. Man sagt, Gott erkenne sich selbst absolut und dieses Tun im Vater sei seinerseits so absolut, daß er dadurch den Sohn *zeuge*. Der Vater schafft nicht den Sohn, sondern er teilt ihm ganz und gar sein eigenes Sein mit. Vater und Sohn betrachten und lieben einander. Ihre Liebe führt dazu, daß beide den Heiligen Geist *hauchen* – als Ausdruck der Liebe des Vaters und des Sohnes.

Relationen sind die Verbindungen zwischen den drei göttlichen Personen. Dem Vater eignet im Verhältnis zum Sohn die Vaterschaft; dem Sohn im Verhältnis zum Vater die Sohnschaft; Vater und Sohn im Verhältnis zum Heiligen Geist die aktive Hauchung und dem Heiligen Geist im Verhältnis zu Vater und Sohn die passive Hauchung. Die Relationen ermöglichen es, eine Person von der anderen zu unterscheiden. Allerdings unterscheiden sich die Personen auch durch ihr je eigentümliches Personsein.

Sendung bezeichnet die Gegenwart der göttlichen Personen in der Geschichte. So heißt es, in der Zeugung des Sohnes habe der Vater die ganze Schöpfung entworfen; der Sohn sei Fleisch geworden, um uns zu vergöttlichen und zu erlösen; und der Heilige Geist sei gesandt worden, um uns zu heiligen und alles in das Reich der Dreifaltigkeit zurückzuführen.

All diese Begriffe vermitteln uns eine schwache Ahnung von dem göttlichen Geheimnis vollendeter Gemeinschaft und unendlicher Liebe.

Nicht Worte, sondern Personen sind uns geoffenbart worden: Vater, Sohn und Heiliger Geist. Worte haben nur dann einen Wert, wenn sie uns an die göttlichen Personen erinnern und uns ihnen näherbringen. Deshalb sollte man Begriffe mit Gelassenheit und Liebe verwenden. Anderenfalls sind sie wie Kamele, die blind werden, noch bevor sie in der Oase mit der sprudelnden Quelle ankommen.

18. Fehlformen im Verständnis der Dreifaltigkeit

Von Anfang an hat der christliche Glaube bekannt, Gott, so wie Jesus ihn uns geoffenbart hat, sei Dreifaltigkeit: Vater, Sohn und Heiliger Geist. Anfänglich gab es keine Probleme, weil noch niemand die Notwendigkeit gespürt hatte, tiefer zu ergründen, was der Glaube an die Dreieinigkeit an Voraussetzungen und an Folgen einschloß. Doch dann wurde die Frage unumgänglich, wie sich der Glaube an den einen Gott als Überzeugung des Alten Testaments mit dem Glauben des Neuen Testaments an die Trinität in Einklang bringen lasse. Die Alte Kirche hatte gegen drei Fehlformen im Verständnis der Dreifaltigkeit zu kämpfen, die bis heute nicht überwunden sind: Modalismus, Subordinatianismus und Tritheismus. Auch hier wollen wir eine Interpretation nach der anderen betrachten.

Der *Modalismus* ist insofern eine Irrlehre, als er meint, die Dreifaltigkeit besage drei Modi (modus = Art und Weise; daher: Modalismus), unter denen sich Gott gegenüber den Menschen darstelle. Gott sei immer nur einer, und er wohne in unzugänglichem Licht. Doch – so die Modalisten weiter – wenn er sich den Menschen offenbare, trete er ihnen unter drei verschiedenen Masken entgegen. Sagen wir, Gott erschaffe die Welt, so setze er die Maske des Vaters auf. Heißt es, er erlöse die Menschen, so greife er zum Gewand des Sohnes. Und bekennen wir, er heilige die Gläubigen und führe die gesamte Schöpfung in das Reich der Himmel zurück, sähen wir ein und denselben einzigen Gott in der Gestalt des Heiligen Geistes. Lediglich uns gegenüber sei Gott Dreifaltigkeit. In sich selbst sei und bleibe er der einzige und einsame Gott. Diese Fehldeutung gibt die spezifisch christliche Vorstellung preis: die Gemeinschaft der drei Einzigen, des Vaters, des Sohnes und des Heiligen Geistes. Die Alte Kirche ebenso wie die Kirche aller Zeiten hat dieses Trinitätsverständnis stets abgelehnt.

Subordinatianismus bedeutet, daß der Sohn und der Heilige Geist dem Vater untergeordnet sind (subordiniert = untergeordnet; daher: Subordinatianismus). Allein der Vater sei ganz und gar Gott. Der Sohn sei das erhabenste Geschöpf aus der Hand des Vaters. Doch Gott sei er nicht. Allenfalls habe er eine Natur, die der des Vaters ähnlich sei, doch wesensgleich sei er ihm auf keinen Fall. Dasselbe sei vom Heiligen Geist zu sagen. Der Heilige Geist sei vom Vater abhängig, und er sei nicht Gott. Einige Theologen behaupteten gar, bei der zweiten Person handle es sich lediglich um einen Adoptivsohn, aber niemals um den eingeborenen Sohn, der mit dem Vater dieselbe Wesenheit habe. Wer so denkt, gibt die Gleichheit der drei göttlichen Personen auf und mit ihr die volle Gottheit einer jeden von ihnen. Insbesondere auf dem Konzil von Nizäa (325) hat die Kirche den Subordinatianismus verurteilt.

Schließlich müssen wir noch den *Tritheismus* erwähnen. Einzelne Christen sagten: Gewiß, es gibt drei göttliche Personen; aber dabei geht es um drei Götter, die untereinander verschieden und voneinander getrennt sind. Auch diese Lehre konnte die Kirche nicht akzeptieren. Wie sollte es drei unendliche, drei absolute und drei ewige Wesen geben können? Die drei Personen sind seit Ewigkeit in einer solch engen Gemeinschaft miteinander verbunden, daß sie ein einziger Gott der Liebe und des Lebens sind.

Irrtümer dieser Art zwangen die Christen dazu, noch gründlicher das Geheimnis der Dreieinigkeit zu erforschen – unter ständiger Wahrung der Einheit der Liebe und der Dreiheit der liebenden Personen.

Irrlehren sind in der Regel einäugige Anschauungen von der Wahrheit. Wer die Wahrheit mit beiden Augen in den Blick nehmen will, muß gehörig seinen Verstand anstrengen. Das ist der Zwang, unter den uns die Irrlehren stellen. So gesehen, sind Irrlehren kein absolutes Unheil, sondern Unfälle auf dem Weg zum richtigen Ziel.

IV. Die menschliche Vorstellungskraft und die Dreifaltigkeit

19. Auch mit der Phantasie glauben!

Keiner von uns glaubt nur mit liebendem Herzen und denkendem Verstand. Zum Glauben gehört auch die Phantasie. Ohne Phantasie wären wir sozusagen nichts. Dank der Phantasie schöpft unsere Hoffnung Kraft und gewinnt die Welt farbige Konturen. Was Gott uns versprochen hat, kann nur erfassen, wer seine Phantasie walten läßt, weil menschlicher Geist nur das Gegenwärtige erfaßt und Gott nur in aus der Welt entlehnten Begriffen denken kann. Auch Jesus greift zu phantasiegemalten Bildern und Vergleichen, wenn er uns das Reich Gottes schildert: zum Bild vom Samenkorn, vom verborgenen Schatz, vom Gastmahl oder vom Herrn, der die Arbeiter auf seiner Besitzung plötzlich überrascht. Seit den ersten Jahrhunderten haben christliche Denker versucht, mit Bildern etwas von dem erhabenen Geheimnis der Dreifaltigkeit verständlich zu machen und zu vermitteln. So äußert sich zum Beispiel Ignatius von Antiochien († 104) in seinem Epheserbrief wie folgt zur Trinität: »Ihr seid Bausteine am Tempel des Vaters, zubereitet für den Bau Gottes des *Vaters,* wobei ihr hinaufgezogen werdet in die Höhe durch das Hebewerk *Jesu Christi,* was das Kreuz ist, und euch als Seil dient der *Heilige Geist*« (9,1). Hier betätigen sich die drei göttlichen Personen in der Geschichte zur Rettung der Welt.

Sehr bekannt ist auch die Ikone des russischen Mönchs Andrej Rublew (gegen 1410), auf der die drei göttlichen Personen mit den Konturen der drei Engel dargestellt werden, die dem Abraham in Mamre erscheinen und dann wieder verschwinden, nachdem sie ihm den klaren Eindruck vermittelt haben, er habe Gott selbst gesehen. Die Drei sitzen um einen Tisch, auf dem die Eucharistie steht. Alle Drei sind gleich und unterscheiden sich doch. Voller Achtung und in tiefer Liebesgemeinschaft schauen sie sich gegenseitig an. Die Eucharistie bedeutet die Gegenwart Christi und gemeinsam mit ihm des Geistes, der vom Vater gesandt worden ist. Das Bild soll also sagen: Die ganze Dreifaltigkeit wohnt bei uns auf der Erde.

Eine weitere sehr wichtige Darstellung findet sich in einer kleinen bayerischen Kirche, in Urschalling bei Prien. Dort sieht man den Heiligen Geist in der Gestalt einer Frau, mit dem Vater zur einen und dem Sohn zur anderen Seite. Ehrfürchtig legen sie die Hände dem Heiligen Geist auf die Brüste. In der unteren Bildhälfte sind alle drei in ein langes gemeinsames Gewand gekleidet, als wären sie ein einziger Körper. Auch hier haben wir wiederum die Verschiedenheit (die drei Personen) einschließlich des Weiblichen in Gott und die Einheit (ein und dieselbe Natur der Liebe und der Gemeinschaft).

In der Kirche von Trindade im mittelbrasilianischen Bundesstaat Goiás (*Trindade* ist auch das portugiesische Wort für Dreifaltigkeit) hängt ein Bild, auf dem die Dreifaltigkeit die Jungfrau Maria krönt, die ihrerseits für die ganze Schöpfung steht. Als im Juli 1986 in Trindade ein Treffen von Vertretern Kirchlicher Basisgemeinden aus ganz Brasilien stattfand, schrieben die Christen von Trindade sehr bedacht auf ein großes Transparent den Satz: »Die Heiligste Dreifaltigkeit ist die beste Gemeinschaft.« So wollten sie die Teilnehmer aus dem ganzen Land grüßen.

Wir sind Tempel der Dreifaltigkeit. Die Dreifaltigkeit lebt in jeder und in jeder einzelnen Dimension unseres

Seins. Jede Fähigkeit unseres Geistes ist es wert, die göttlichen Personen zu loben und zu erkennen. Sollte da unsere Phantasie weniger würdig sein, weil sie, statt zu denken, träumt und, statt Begriffe zu entwickeln, Bilder malt? Auch sie preist auf ihre Weise die Heilige Dreieinigkeit.

20. Der Mensch als Bild der Dreifaltigkeit

Im Buch Genesis heißt es, der Mensch sei nach dem Bild und Gleichnis Gottes geschaffen worden (Gen 1,27). Für uns Christen heißt das, daß jede menschliche Person, Mann oder Frau, Züge der Dreifaltigkeit offenbart, die der einzige, wahre und wirkliche Gott ist. Und wie zeigt sich im Menschen das Bild des Vaters, des Sohnes und des Heiligen Geistes? Der Theologe, der am meisten über diese Frage nachgedacht hat, ist Augustinus (354 – 430). Seine Darlegungen haben bis heute ihre Gültigkeit nicht verloren.

Jeder Mensch ist sich zunächst einmal selbst ein Geheimnis. So gründlich wir selbst und so genau andere uns kennen und so viele Daten und Informationen die Wissenschaften über die menschliche Existenz liefern mögen, wir bleiben uns ein großes Geheimnis. Deshalb dürfen wir über niemanden ein Urteil fällen, sondern sollten uns einer Haltung respektvollen Hinhörens gegenüber jeder menschlichen Person befleißigen, so schlicht sie auch sein mag. Jeder hat uns etwas zu sagen und zu offenbaren, und dank solcher Offenbarungen entdecken wir dann womöglich besser das Antlitz des dreieinigen Gottes. Insofern der Mensch ein unauslotbares Geheimnis ist, erinnert er an den Vater, der als göttliche Person und als ursprungloser Ursprung das erste und grundlegende Geheimnis ist.

Die menschliche Person als Geheimnis besitzt Vernunft und teilt sich nach außerhalb ihrer mit. Sie erkennt sich selbst und schafft sich eine ganze Welt von Dar- und Vorstellungen. Der Mensch sagt die Wahrheit über sich selbst. Wahrheit und Wort, die jemand über sich selbst aussagt, verweisen auf den Sohn, der Wahrheit und Wort ist, die den Vater offenbaren. Daraus folgt: Jedesmal wenn wir richtig denken und jedesmal wenn wir die Wahrheit über uns selbst wie über die Dinge der Welt sagen, dienen wir dem göttlichen Wort, das sich in uns offenbart.

Aber der Mensch erkennt nicht nur, sondern liebt auch. Er möchte näher an Menschen und Dinge herankommen. Der Heilige Geist ist die Liebe in der Dreifaltigkeit. Er eint Vater und Sohn und hebt den Gegensatz zwischen Vater und Sohn auf. Kraft des Heiligen Geistes offenbart sich zwischen den drei Personen eine Einheit ewiger Gemeinschaft und Liebe, die sie bleibend verbindet. Wenn wir andere Menschen lieben und uns ihnen geschwisterlich verbunden fühlen, offenbaren wir in der Geschichte, was der Heilige Geist bedeutet.

Als Geheimnis, Vernunft und Liebe bildet der Mensch eine dynamische, stets offene Einheit. Die drei Dinge stehen nicht einfach nebeneinander. Wer das Geheimnis ist und wer da denkt und liebt, ist immer der Mensch. So zeigt jeder von uns in seiner Einheit und Vielfalt, daß er tatsächlich Bild und Gleichnis Gottes ist, der seinerseits Vater, Sohn und Heiliger Geist ist. Wenn also jeder Mensch Tempel des Heiligen Geistes ist, können wir ihm, wann und wo auch immer, nur mit der größten Achtung begegnen.

Wer die Natur des Menschen vergewaltigt, wer die Rechte der Person verletzt und wer die Armen verunglimpft, verbaut sämtliche Zugänge zu dem Gott, der Leben und Gemeinschaft ist. Der Kurs aller Wege führt über die Achtung der menschlichen Person, des Bildes der Drei-

faltigkeit. Mißachtung zerstört die Kompaßnadel und schließlich den ganzen Kompaß.

21. Die menschliche Familie als Symbol der Dreifaltigkeit

Jeder Mensch trägt in seinem ganzen Sein und Handeln die Züge der drei göttlichen Personen. Der Mensch kommt normalerweise in einer Familie zur Welt. Schon hier ahnen wir Zeichen für die Gegenwart des dreieinigen Gottes. Gott ist Gemeinsamkeit und Gemeinschaft von Personen. Die Familie aber gründet auf Gemeinschaft und Liebe. Sie ist der erste Ausdruck der menschlichen Gemeinschaft.

In jeder vollständigen und normalen Familie haben wir es mit drei Elementen zu tun: mit dem Vater, mit der Mutter und mit den Kindern. Die Personen sind verschieden. In unserer hergebrachten Kultur steht der Vater für in Arbeit, Aufbau des Heims und Sicherheit konkret gewordene Liebe. Die Mutter signalisiert, wieder in unserer traditionellen Wahrnehmung, lebengebärende und lebenschützende Liebe, häusliche Intimität und wärmende Nähe. Vater und Mutter umarmen sich in Liebe, in gegenseitiger Anerkennung und Bewunderung, in der gemeinsamen Aufgabe, die Familie voranzubringen. Sie leben unter ein und demselben Dach, haben die gleichen Sorgen und freuen sich über dieselben Dinge. Ausdruck der Gemeinschaft und der gegenseitigen Anerkennung ist das Kind, das geboren wird. Das Kind macht Mann und Frau zum Vater bzw. zur Mutter. Beide treten aus sich heraus und vereinen sich in einer Realität jenseits ihrer selbst, die die Frucht ihrer liebenden Verbindung ist: dem Kind. In der Familie haben wir ein Bild – und zwar eines der reichhaltigsten Bilder – von der Dreifaltigkeit. Zunächst gibt es die drei Elemente: Vater – Mutter – Kind. Dann aber unterscheiden sich die Personen. Die eine ist nicht die andere. Jede hat ihre Autonomie und ihren eigenen Auftrag. Dessenungeachtet sind sie durch starke, vitale Beziehungen, wie die Liebe, aneinander gebunden. Gemeinsam bilden sie eine einzige Lebensgemeinschaft. Und gerade deshalb konstituieren sie, obwohl sie drei bleiben, eine einzige Familie. Die Einheit der Familie ist etwas Ähnliches wie die der Dreifaltigkeit. Die Einheit ist der Ausdruck der Liebe, des Hinaustretens einer jeden Person in Richtung auf die andere und der Gemeinschaft ein und desselben Lebens. Die Anerkennung, mit der Vater und Mutter sich begegnen, herrscht in ähnlicher Form zwischen Gott Vater und Gott Sohn. Das Kind eint Vater und Mutter. Analog eint der Heilige Geist, der aus dem Vater und dem Sohn hervorgeht, den Vater und den Sohn. Aus diesem Grund sagt man, der Heilige Geist sei die einigende Liebe. Der Heilige Geist ist die göttliche Person, welche die ewigen Personen und die menschlichen Personen eint.

Damit die menschliche Familie ein Sakrament der Dreifaltigkeit sein kann, muß sie sich um Vervollkommnung bemühen. So wie sie geschichtlich geworden ist, trägt sie auch das Mal der Sünde und der Uneinheit. Doch jedesmal wenn sie versucht, wieder zusammenzukommen und konsequent die Liebe zu leben, setzt sie ein Zeichen des dreifaltigen Gottes in der Geschichte.

In einer gesunden Familie kommen die Hauptdimensionen der Dreifaltigkeit zum Tragen: Unterschied (Vater, Mutter, Kind) und Einheit eines einzigen Lebens, einer einzigen Liebe und einer einzigen Gemeinschaft – im Ineinander der Drei, die die eine Familie bilden. Im Schoß einer menschlichen Familie werden wir geboren, und wir werden ewig als Söhne und Töchter in der göttlichen Familie leben.

22. Die Gesellschaft als Bild der Dreifaltigkeit

Der Mensch lebt nicht in sich allein, in der Tiefe seines individuellen Geheimnisses. Ebensowenig ist er nur in einer Familie, als Ausdruck der Liebe zwischen Mann und Frau, zu Hause. Der Mensch ist eingebunden in die Gesellschaft, in der Person und Familie ihren Ort haben. Wer genau hinschaut, erkennt in der Gesellschaft ein ausdrucksstarkes Zeichen für die Dreifaltigkeit in der Geschichte.

Die Gesellschaft steht weder gleich als fertiges Gebilde da, noch ist sie das unmittelbare Werk Gottes oder der Natur. Die Gesellschaft ist das Ergebnis dreier Kräfte, die fortwährend zusammenwirken. Hier entdecken wir Züge der Trinität.

Zunächst einmal haben wir die Kraft der Wirtschaft. In ihrem Rahmen organisieren wir die Produktion und Reproduktion unseres Lebens. Mittels der Wirtschaft erzeugen wir die Nahrungsmittel, die unser Körper braucht. Sie werden in gesellschaftlich organisierten Bahnen produziert, verteilt und konsumiert. Allerdings erschöpft sich die Wirtschaftskraft nicht in materiellen Gegebenheiten und in den sogenannten ökonomischen Daten. Immer spielen auch menschliche Seiten mit hinein; denn essen, den Lebensunterhalt sichern oder die Nahrung für jemanden besorgen, der Hunger hat, ist eine zutiefst menschliche und auch geistige Angelegenheit. Die wirtschaftliche Dynamik liegt allen anderen Kräften zugrunde. Ohne sie wäre kein Leben möglich, und ohne Leben keine Gesellschaft, keine Religion, keine Anbetung.

Die zweite Kraft ist die Politik. Mit Hilfe der Politik organisieren wir unser soziales Zusammenleben und verteilen Macht, Arbeit und Verantwortung. Politik heißt: menschliche Beziehungen herstellen und Institutionen schaffen, deren es bedarf, damit die Gesellschaft funktioniert und die materiellen, geistigen und kulturellen Bedürfnisse der Menschen befriedigt werden können.

An dritter Stelle nennen wir schließlich die Kraft der Kultur. Vermöge der Kultur schaffen wir Werte und Gehalte, die unserem Leben und Tun Gültigkeit und Ausdruckskraft verleihen. So gebiert die kulturelle Kraft religiöse Riten, Philosophien, Künste und jede Art von Symbolen, vermittels deren wir unsere Gedanken und Werte zum Ausdruck bringen. Niemand kann leben, ohne den Dingen, die er schafft oder denen er rings um sich begegnet, Wert beizumessen.

Damit eine Gesellschaft entstehen, sich festigen und sich entwickeln kann, müssen alle drei Kräfte vorhanden sein und sich gegenseitig durchdringen. Dann wirken sie stets zusammen, so daß in der Wirtschaft auch Politik und Kultur stecken, in der Politik auch Wirtschaft und Kultur und in der Kultur auch Wirtschaft und Politik.

Genau das aber, sagen wir, sei die Dreifaltigkeit: Die drei Personen sind unterschieden, wirken aber immer gemeinsam. Die Interrelation zwischen den göttlichen Dreien führt dazu, daß sie ein einziger Gott sind, der sich in der Wirklichkeit unserer Gesellschaft widerspiegelt.

»Die Gemeinschaft, die unter den Menschen aufgebaut werden soll, umfaßt deren ganze Existenz, angefangen mit den Wurzeln der Liebe, und hat sich in ihrem ganzen Leben zu erweisen, einschließlich seiner wirtschaftlichen, gesellschaftlichen und politischen Dimension: Als Werk des Vaters, des Sohnes und des Heiligen Geistes ist diese Gemeinschaft die Mitteilung deren eigener trinitarischer Gemeinschaft« (Puebla, 215).

23. Die Kirche als das große Symbol der Dreifaltigkeit

Einer der ersten Theologen, welche die Lehre von der Dreifaltigkeit formulierten, war Tertullian († 220). Der große Theologe des 3. Jahrhunderts schreibt: »Wo der Vater, der Sohn und der Heilige Geist sind, ist auch die Kirche; die Kirche bildet den Leib der Drei.« In jeder menschlichen Person spiegelt sich das trinitarische Geheimnis wider, wie auch in der Familie und in der Gesellschaft. Doch den deutlichsten geschichtlichen Ausdruck findet das erhabene Geheimnis von Gemeinschaft und Leben in der Kirche.

Die Kirche ist ihrer Definition nach die Gemeinschaft des Glaubens, der Hoffnung und der Liebe. Sie strebt nach dem von Jesus Christus selbst vorgegebenen Einheitsideal: »Alle sollen eins sein: Wie du, Vater, in mir bist und ich in dir bin, sollen auch sie in uns sein« (Joh 17,21).

Die Einheit der Christen besteht indes nicht in einer bürokratischen Vereinheitlichung, sondern in einer gegenseitigen Durchdringung, einem inneren Miteinander der Gläubigen und dieser mit ihren Hirten, im Dienst an den anderen.

Die Kirche ruht auf drei Grundpfeilern. Diese Tatsache macht ihre Ähnlichkeit mit den göttlichen Drei konkret sichtbar. Die drei Pfeiler sind: der Glaube, die Feier des Glaubens und die Organisation im Blick auf den inneren Zusammenhalt, auf die Nächstenliebe und auf die Sendung unter den Menschen. Die drei Momente sind die Konkretisierung der Gemeinde; denn diese findet sich ja zusammen, um den Glauben zu verkünden und sich in ihn zu vertiefen, um die Gegenwart des auferweckten Christus und seines Geistes in der Geschichte der Menschen und insbesondere eben in der christlichen Gemeinde zu feiern und um sich eine

Organisation zu geben, damit sie allen Menschen, vor allem aber den Armen, wirksam zu Diensten stehen kann. Dabei sind Glaube, Feier und Organisation keine Größen, die – unabhängig voneinander – getrennt nebeneinanderstünden. Glaube, Feier und Organisation sind die Kirche selbst in dynamischer Bewegung des Lebens und des Dienstes. Gemeinschaft drückt sich in der Kirche nicht nur auf dem Feld der Religion aus. Gemeinschaft realisiert sich auch in einem sozialen Entwurf: in Gütergemeinschaft, Lebensgemeinschaft und Geschwisterlichkeit, wie uns die Apostelgeschichte mit der Schilderung des Lebens in der apostolischen Urgemeinde plastisch vor Augen führt (vgl. Apg 2,44–45; 4,34–35).

Wenn Tertullian sagt, die Kirche sei der Leib der drei göttlichen Personen, will er nahelegen, durch die Art, wie wir den Glauben lebten, uns am Gottesdienst beteiligten und die sakralen Funktionen organisierten, ließen wir etwas vom Geheimnis des Vaters, vom Erkennen des Sohnes und von der Liebe des Heiligen Geistes kundwerden. Die Kirche ist das alles – doch nicht einfach aufgrund der Tatsache, daß sie Kirche ist, sondern aufgrund der Tatsache, daß sie konsequent die Botschaft des Evangeliums lebt – und diese fordert, daß sie in der Welt ein Raum glühenden Glaubens, unverwüstlicher Hoffnung und einsatzbereiter Liebe ist.

Je mehr die Kirche aus ihrer eigenen Quelle trinkt – will sagen: aus der trinitarischen Gemeinschaft, in der sich die drei Unterschiedenen vereinigen und ein einziger Gott sind –, desto besser wird sie die inneren Trennungen überwinden und nicht mehr maßgeblich nur von Klerikern bzw. nur von Laien geprägt sein, sondern zu einem Raum gleichwertiger Beziehungen werden, in dem alle als wirkliche Brüder und Schwestern das eine Volk Gottes sind, im Dienst am Reich der Dreifaltigkeit.

24. Die Welt als Sakrament der Dreifaltigkeit

Die ganze Schöpfung ist Werk der Dreifaltigkeit. Jede göttliche Person wirkt aufgrund ihrer jeweiligen Eigenschaften, mit dem Ergebnis, daß allenthalben Zeichen des dreifaltigen Gottes auszumachen sind. Gott kann in seinem Geheimnis nie erschöpfend dargestellt werden. Aus diesem Grund lehrt das Vierte Laterankonzil (1215) mit Fug und Recht, die Unähnlichkeit zwischen dem Schöpfer und der Schöpfung sei größer als die Ähnlichkeit zwischen beiden. Nichtsdestoweniger brauchen wir nicht jegliche Spur des Göttlichen in der Schöpfung zu missen.

Fachleute wie der berühmte Tiefenpsychologe C. G. Jung haben sich mit dem Symbolwert der Zahl »Drei« beschäftigt. Danach ist die Drei ein Archetyp (eine Tiefengestalt der Seele, mit deren Hilfe wir unsere Erfahrungen fassen), der sich in allen Kulturen findet. Auch im Unbewußten zeigt er sich. Seine anthropologische Bedeutung läßt sich mit der Aussage der Bibel vergleichen, daß der Mensch Bild und Gleichnis Gottes ist. Die Dreizahl versinnbildlicht das Bedürfnis des Menschen nach Integration, Vereinigung und Ganzheit. Bisweilen kommt zur Dreiheit ein viertes – nicht selten weibliches – Element hinzu, wie Maria, die Schöpfung oder die Weisheit. Dieses vierte Element will die Gemeinschaft der göttlichen Drei in ihrer Hinwendung nach außen zum Ausdruck bringen: Sie tauschen sich untereinander aus und laden Menschheit und Schöpfung ein in die Liebes- und Lebensgemeinschaft, die ja das Eigentliche des trinitarischen Lebens ausmacht.

Um die Dreiheit der Personen und die Einheit der Gemeinschaft aussagen zu können, haben Prediger zu Analogien und Vergleichen aus dem materiellen Leben gegriffen. Sie verweisen auf die Sonne, auf den Strahl und auf die Wärme. Oder sie sprechen vom Feuer, das Licht ausstrahlt und Wärme erzeugt. Oder sie nehmen drei Kerzen, die – zusammengehalten – eine einzige Flamme krönt. Manche Katecheten zeigen den Kindern auch ein Kleeblatt, das ja aus drei kleinen Blättern besteht.

Wieder andere Leute führen die drei Grundenergien des Alls an: Gravitationsenergie, elektromagnetische Energie und Kernenergie. Alle drei sind Äußerungen der einen Universalenergie. Immer mehr Naturwissenschaftler geben die klassische Sicht von den Elementarteilchen der Materie (Protonen, Neutronen, Hadronen) auf und postulieren die Interaktion aller Faktoren in einer wahren kosmischen Perichorese. Dabei bedienen sie sich eines Wortes, welches die Theologie schon immer gebraucht hat: »Durchdringung« von allem mit allem (Perichorese). So spiegeln sich die trinitarischen Relationen im Kosmos wider. Oder wer hat nicht schon an das gleichseitige Dreieck gedacht? Seine drei gleich langen Seiten begrenzen eine einzige Oberfläche.

Doch die genannten Bilder sind nur schwache, wenn nicht tote Verweise auf das lebendige Geheimnis des Vaters, des Sohnes und des Heiligen Geistes, die sich in den Personen zwar unterscheiden, in der Liebe und Gemeinschaft indessen ewig geeint sind. Kein Wort, kein Bild und kein Begriff vermag die Tiefe der trinitarischen Liebe herüberzubringen. Allein das Herz, das größer ist als unser Verstand, ist imstande, die Großartigkeit und den Zauber des göttlichen Lebens zu erahnen; denn mit dem Herzen finden wir Zugang zur Gemeinschaft mit den göttlichen Personen und gewinnen Anteil an ihrem inneren Leben.

Die Natur ist nicht stumm: Steine sprechen, das Meer redet, und das Firmament singt die Ehre Gottes. Die Dinge liegen nicht einfach beziehungslos nebeneinander da; nichts ist zufällig dahingeworfen. Alles hat mit allem zu tun, alles bildet eine Gemeinschaft: der Wind mit dem Felsen, der Fels mit der Erde, die Erde mit der Sonne und die Sonne mit dem Universum. Alles ist »perichorisiert«, ist durchdrungen von der Gemeinschaft der Dreifaltigkeit.

V. Was die Dreifaltigkeit ist: Lebens- und Liebesgemeinschaft zwischen den göttlichen Dreien

25. Die Dreifaltigkeit ist ewige Mitteilung von Leben

Der Gott der Christen ist die ewige Gemeinschaft der göttlichen Drei, des Vaters, des Sohnes und des Heiligen Geistes. Seit Ewigkeit ergießt sich der eine in Richtung auf den anderen, so daß sie insgesamt eine einzige Bewegung von Liebe, Austausch und Begegnung bilden. Doch wie haben wir das alles näher zu verstehen? Unser Anliegen ist nicht, das Geheimnis Gottes aufzudecken. Unser Anliegen ist lediglich, die göttliche Bewegung zu erspüren, um Gegenwart und Wirken der Dreifaltigkeit in der Welt wie auf unserem persönlichen Lebensweg besser nachvollziehen zu können. Die biblische Theologie hat ein Wort gefunden, mit dem sie die göttliche Dynamik ausdrückt: Leben. Demnach ist Gott das, was ewig lebt, ist Spender von Leben ebenso wie Beschützer allen bedrohten Lebens, etwa der Armen und Entrechteten. Jesus, der fleischgewordene Sohn, sagt ja in der Theologie des Johannes selbst von sich, er sei gekommen, Leben zu bringen, und zwar Leben in Fülle zu bringen (Joh 10,10). Doch was heißt Leben? Die Beschäftigung mit der Frage macht uns die Gemeinschaft der göttlichen Drei verständlicher.

Leben ist ein Geheimnis der Spontaneität; Leben ist ein unerschöpflicher Prozeß des Gebens und Nehmens, des Assimilierens und Eingliederns, ja des Hingebens des eigenen Lebens in Gemeinschaft mit anderem Leben. Mit dem Phänomen »Leben« gehen Entfaltung und Gegenwart einher. Etwas, was lebt, ist nicht einfach da wie ein Stein. Dem lebenden Sein eignet Gegenwart, was eine Intensivierung der Existenz bedeutet. Das lebende Sein spricht aus sich selbst, es braucht kein Wort zu sagen, um sich mitzuteilen. Gegenüber einem lebenden Sein muß man Position beziehen: entweder nimmt man das Leben des anderen an, oder man lehnt es ab. Leben heißt immer, daß man in einem prozeßhaften Geschehen eine Gemeinschaft mit einem Gegenüber bildet, mit ihm eine Osmose eingeht, es in sich selbst hereinholt. Leben reproduziert sich stets in anderem Leben. Es gehört zur Natur des Lebens, daß es sich entfaltet. Leben ist ein offener Prozeß mit immer neuen Ausdrucksformen von Leben. Vielleicht kommen wir der Dreifaltigkeit ein Stückchen näher, wenn wir sie in Bezug zum Geheimnis des Lebens setzen. Vater, Sohn und Heiliger Geist sind ewige Lebendige, die sich dadurch realisieren, daß sie sich einander hingeben. Grundmerkmal einer jeden göttlichen Person ist, daß sie für und durch die anderen, mit und in den anderen ist. Jede der drei lebenden Personen verlebendigt sich ewig, indem sie die anderen verlebendigt und am Leben der anderen teilhat. Wie jemand nur glücklich ist, wenn er die anderen glücklich macht, so ähnlich haben wir uns auch die Trinität vorzustellen: Jede Person ist in dem Maße lebendig, in dem sie den anderen Leben schenkt und von den anderen Leben geschenkt bekommt. Da dem so ist, verstehen wir, weshalb der christliche Gott nur Gemeinschaft der göttlichen Drei sein kann und Dreieinigkeit sein muß. Er ist mehr als Zweiheit, mehr als Gott im Tête-à-tête mit dem Sohn. Der christliche Gott ist Dreiheit, was besagt, daß ein Dritter mit im Spiel ist, der die Fülle des Lebens über die gegenseitige Betrachtung hinaus zum Ausdruck bringen soll: der Heilige Geist. Leben, so verstanden, macht das Wesen Gottes aus. Und Leben ist geschenkte und empfangene Gemeinschaft. Und Gemeinschaft ist die Dreifaltigkeit.

Niemand weiß im letzten, was Leben ist. Auf jeden Fall aber hat es mit Bewegung, Spontaneität, Freiheit, Zukunft und Neuheit zu tun. Die Dreifaltigkeit ist Leben in Ewigkeit; mithin ist sie Freiheit, Schenken und fortwährendes Beschwenktwerden, ist Finden-seiner-selbst, um sich unentwegt zu geben. Die Dreifaltigkeit ist Neuheit wie jedes Leben, immer in Veränderung, aber ohne Zerstreuung. Jede Person ist für die andere Zukunft und damit immer neu und überraschend.

26. Ich – Du – Wir: Dreifaltigkeit

Das Geheimnis der Dreifaltigkeit war stets eine Herausforderung für das Denkvermögen der Theologen, das heißt: der Christen, die ihr Leben darauf verwenden, die von Gott selbst geoffenbarten Wahrheiten gedanklich zu erfassen und zu ergründen. Die großen Konzilien haben die hauptsächlichen Marksteine gesetzt, innerhalb deren wir die Dreifaltigkeit zu denken haben. Für abgeschlossen indes haben sie die Fragen nie erklärt. Immer sind sie sich der Tatsache bewußt gewesen, daß menschliche Sprache etwas Unzulängliches ist. Am Ende allen Suchens steht immer ehrfurchtsvolles Schweigen. Doch bevor wir schweigen, müssen wir reden und alle Kräfte des Verstandes zusammennehmen, um das Problem Stück für Stück zu erhellen; nur so werden wir der Größe Gottes und der Tiefe seines Geheimnisses gerecht. In diesem Sinn ist während der letzten Jahrzehnte viel am Begriff der Person gearbeitet worden; die Erkenntnisse hat man natürlich auch auf den Vater, den Sohn und den Heiligen Geist bezogen. Nach allgemeiner Lehre verstand man unter Person die in sich existierende und von jeder anderen unterschiedene Individualität. So heben sich Vater, Sohn und Heiliger Geist voneinander ab, und jeder hat seine singuläre Existenz. Moderne Autoren haben nun diesen Begriff insofern vertieft, als sie einen Aspekt hervorgehoben haben, der in der Vergangenheit nicht hinreichend entfaltet worden war, wenn er vielen christlichen Theologen auch nicht unbekannt war: Person ist zwar ein In-sich-Sein und besagt infolgedessen eine letzte Individualität; doch diese Individualität zeichnet sich dadurch aus, daß sie immer offen ist für die anderen. Person ist also ein Knoten von Beziehungen in alle Richtungen. Person ist ein Sein in Relationen.

Damit bietet uns die menschliche Person eine Analogie zum besseren Verständnis dessen, was wir sagen wollen, wenn wir von den göttlichen Dreien als Personen sprechen. Jede menschliche Existenz verwirklicht sich in Ich-Du-Beziehungen. Nie steht das Ich allein da. Immer ist es auch das Echo eines Du, das in dem Ich widerhallt. Das Du ist ein anderes Ich, offen für das Ich des anderen. In diesem dialogischen Spiel zwischen dem Ich und dem Du nun entwickelt der Mensch seine Persönlichkeit.

Doch gibt es nicht nur den Ich-Du-Dialog. Es gibt auch die Gemeinschaft zwischen Ich und Du. Sie entsteht dann, wenn sich das Ich-Du gemeinsam äußert, das Ich ebenso wie das Du hinter sich läßt und, vereint, eine neue Beziehung bildet, das *Wir*. »Wir« sagen heißt: Gemeinschaft darstellen. Ähnlich diesem Prozeß ist, was in der Dreifaltigkeit geschieht. Das Ich steht für den Vater. Das Ich (der Vater) läßt ein Du entstehen, das der Sohn ist. Aber der Sohn ist nicht nur das Wort *des* Vaters, sondern auch das Wort *an den* Vater. Aus dieser Beziehung erwächst nun der ewige Dialog. Vater (Ich) und Sohn (Du) vereinen sich und offenbaren das Wir, das der Heilige Geist ist, unser Geist, der Geist des Vaters und des Sohnes. So haben wir jetzt die göttliche Einung als Ausdruck des Beziehungsgefüges zwischen den drei göttlichen Personen.

»Christus offenbart uns, daß das göttliche Leben dreifaltige Gemeinschaft ist. Vater, Sohn und Heiliger Geist leben in vollendeter Gemeinschaft der Liebe; und diese ist das größte Geheimnis der Einheit. Hier haben alle Liebe und alle Gemeinschaft, die der menschlichen Existenz Größe und Würde verleihen, ihren Ursprung« (Puebla, 212).

27. Die Dreifaltigkeit als ewige Selbstmitteilung

Wenn wir sagen, Vater, Sohn und Heiliger Geist seien drei göttliche Personen, gehen die meisten Christen vom üblichen Verständnis des Wortes aus. Danach ist Person ein Individuum, das Verstand, Willen und Gefühle hat und »Ich« sagen kann. Also gäbe es in Gott Verstand, Willen und Bewußtsein gleich dreimal. Doch wer nur das sagt, ohne hinzuzufügen, die Drei ständen in dauernder Beziehung miteinander, verfällt zwangsläufig dem Tritheismus: er behauptet die Existenz dreier verschiedener Götter.

Angesichts dieser Schwierigkeit im modernen Denken versuchten zwei Theologen, der Protestant Karl Barth und der Katholik Karl Rahner, das Wort »Person« in der Trinitätsterminologie zu ersetzen. Der Begriff bereite heutigen Christen mehr Schwierigkeiten, das Geheimnis der trinitarischen Gemeinschaft zu begreifen, als daß er ihnen dabei helfe. Gehe das Gespräch über Gott schlechthin, ohne Bezug zur Dreifaltigkeit, könne man, so Barth wie Rahner, natürlich von Person sprechen. Anderenfalls könne jemand auf den Gedanken kommen, Gott bedeute eine unpersönliche kosmische Kraft. In diesem Fall wäre Gott die absolute Person bzw. das ewige Subjekt. Doch bezogen auf die Dreieinigkeit, so der Vorschlag der beiden

Theologen, solle man das Wort »Person« vermeiden. Statt seiner schlug Barth vor, von drei *Seinsweisen* zu sprechen. Dreifaltigkeit besage also, daß die ewige Person (Gott) tatsächlich in drei Seinsweisen existiere: als Vater ohne Ursprung, als vom Vater immer gezeugter Sohn und als Heiliger Geist, der ewig aus dem Vater und aus dem Sohn gemeinsam hervorgehe.

Karl Rahner sah die Dinge ähnlich, setzte jedoch einen leicht anderen Akzent. So wollte er lieber statt von drei Seinsweisen von drei *Subsistenzweisen* sprechen. Mit dieser Akzentverschiebung suchte er der Fehldeutung des Modalismus zu entgehen. Die modalistische Irrlehre, von der ja bereits die Rede war, kann im Grunde mit der Dreifaltigkeit nichts anfangen, sondern läßt nur einen einzigen Gott gelten, der sich auf drei verschiedene Weisen offenbare. Lediglich uns gegenüber sei er drei; in sich selbst sei und bleibe Gott einer. Also sagt Rahner: Gott ist ein Geheimnis der Gemeinschaft; er tritt unentwegt aus sich heraus und gibt sich in Leben und Liebe; er ist die Selbstmitteilung als radikales Geheimnis. Also: Insofern die Selbstmitteilung, auch und gerade im Akt des Sich-Hingebens, souverän und unbegreiflich bleibt und Prinzip ohne Prinzip, Ursprung ohne Ursprung ist, heißt sie Vater; insofern sie sich ausdrückt, begreiflich wird und mithin Wahrheit ist, heißt sie Sohn; und insofern sie in Liebe aufnimmt und Einheit schafft, heißt sie Heiliger Geist. Dieser Prozeß wird nicht bloß von uns so wahrgenommen, sondern er offenbart Gott, wie er in sich selbst ist. So vermeiden wir den Modalismus. Stehen wir doch vor dem Geheimnis der Gemeinschaft, das in drei realen Modalitäten fortwährend Wirklichkeit ist und uns in diesen Prozeß mit hineinnimmt und, als Personen, mehr und mehr befähigt, zu lieben und uns zu schenken.

Die beiden Interpretationen vermögen uns nicht zufriedenzustellen. Erstens sind sie sehr abstrakt; niemand liebt drei Subsistenzweisen; niemand betet drei Subsistenzweisen an; geliebt und angebetet werden die Personen Vater, Sohn und Heiliger Geist. Zweitens signalisieren sie zwar die Einheit Gottes, verdeutlichen aber nicht die Dreiheit der Personen und die Relationen, die zwischen den Dreien herrschen. Im Grunde kommen sie weder über den Monotheismus hinaus, noch entgehen sie der Gefahr des Modalismus. Unsererseits halten wir auch weiterhin fest an den göttlichen, in Gemeinschaft und ewiger Liebe untereinander verbundenen Dreien.

Sollte es in der Dreifaltigkeit so etwas wie Logik geben, dann die: geben, geben und nochmals geben. Die drei Personen unterscheiden sich, damit sie sich einander geben können. Und dieses Sich-Geben ist so vollkommen, daß die drei Personen sich vereinen und ein einziger Gott sind.

28. Die Dreifaltigkeit ist die beste Gemeinschaft

Während des VI. Interekklesialen Treffens Kirchlicher Basisgemeinden, das Ende Juli 1986 in Trindade, im mittelbrasilianischen Bundesstaat Goiás, stattfand, hing hinter dem Altar der Wallfahrtskirche – Trindade ist auf der ganzen Welt der einzige Wallfahrtsort zur Heiligsten Dreifaltigkeit – ein riesiges Transparent mit der Aufschrift: »Die Heiligste Dreifaltigkeit ist die beste Gemeinschaft.« Die Dreifaltigkeit war folgendermaßen dargestellt: Von oben langen die Hände des Vaters ins Bild; diese entlassen in Gestalt einer Taube den Heiligen Geist, der sich seinerseits auf das Haupt des Sohnes Jesus Christus hinabbewegt. Jesus erhebt die Arme und rührt an die Hände des Vaters. An seine Schultern schließen sich zu beiden Seiten Vertreter des einfachen

Volkes und der Volksbewegungen an: der Pastoralkommission für Grund- und Bodenfragen (CPT – Comissão Pastoral da Terra), des Indianischen Missionsrates (CIMI – Conselho Indigenista Missionário), der Kirchlichen Basisgemeinschaften (CEBs – Comunidades Eclesiais de Base) und anderer mehr. Damit soll gesagt werden: Es gibt nicht nur die Gemeinschaft und die Gemeinsamkeit der Dreifaltigkeit, sondern zusammen mit ihr auch die menschliche Gemeinschaft und Gemeinde, die stets zur Teilhabe an der göttlichen Gemeinschaft eingeladen ist.

Diese Darstellung geht über ein rein personales Verständnis der Dreifaltigkeit hinaus. Natürlich haben wir an der Existenz der göttlichen Drei festzuhalten: des Vaters, des Sohnes und des Heiligen Geistes. Aber die Drei existieren nicht nur, um sich voneinander zu unterscheiden, sondern um in ihrer Existenz als Unterschiedene durch Gemeinschaft und Liebe zusammenzusein. Was wirklich existiert, ist eine göttliche Gemeinschaft.

Seit aller Ewigkeit ko-existieren immer zusammen Vater, Sohn und Heiliger Geist. Keiner ist älter oder jünger, höher oder niedriger. Alle drei sind gleich ewig, unendlich und barmherzig. Sie bilden die ewige Gemeinschaft.

Wenn wir Gemeinschaft sagen, wollen wir die wechselseitigen, unmittelbaren und alles umfassenden Beziehungen herausstellen, die zwischen den Personen herrschen. Jede der Personen ist total den anderen zugewandt. Keine hält irgend etwas für sich zurück. Jede gibt alles für die Gemeinschaft, ihr Sein und ihr Haben. Aus dieser radikalen Gemeinschaft erwächst die Gemeinde. In der Apostelgeschichte heißt es, in der Urkirche hätten die Christen alles gemeinsam gehabt. Deshalb habe es bei ihnen keine Armen gegeben.

In der Dreieinigkeit geschieht etwas Ähnliches und

noch Tieferes. Die göttlichen Drei sind unterschieden voneinander und unaustauschbar gegeneinander. Der eine ist nicht der andere. Doch keine der göttlichen Personen behauptet sich, indem sie die andere ausschlösse. Jede behauptet sich, indem sie die andere bejaht und sich ihr voll und ganz hingibt. Die Personen sind unterschieden, damit sie sich einander hingeben und Gemeinschaft sein können. So haben wir es mit Reichtum in der Einheit und nicht bloß mit Einheitlichkeit zu tun. Die Dreifaltigkeit ist Vorbild für jede andere Gemeinschaft: Weil die Individualität geachtet wird, entsteht dank Gemeinsamkeit und wechselseitiger Hingabe Gemeinschaft. Besser als irgendein Theologe haben das die Christen aus den Basisgemeinden verstanden, als sie den Zusammenhang auf die absolut treffende Formel brachten: »Die Heiligste Dreifaltigkeit ist die beste Gemeinschaft.«

In der Gemeinde der Apostelgeschichte herrschte zwischen den Christen eine so große Liebe, daß sie ein Herz und eine Seele waren (Apg 4,32). Wenn die Liebe schon auf dieser Ebene zu einer so engen Gemeinschaft führte, wie groß muß sie dann in der Dreifaltigkeit sein! Augustinus kommentiert die Perspektive mit folgenden Worten: »Die Liebe ist in Gott so groß, daß sie jede Ungleichheit ausschließt und volle Gleichheit schafft. Wenn es aber auf der Erde und unter den Menschen eine so große Liebe geben kann, daß viele Seelen eine einzige Seele werden, wie soll es da nicht auch solche Liebe zwischen Vater und Sohn geben, zumal die beiden ja stets unzertrennbar und folglich ein einziger Gott sind? Dort wurden dank einer unsagbaren und unbeschreiblichen Bindung viele Seelen eine einzige Seele; hier wurden ebenso und aus demselben Grund die göttlichen Personen nicht zwei Götter, sondern ein einziger Gott« (Predigt an die Katechumenen über das Glaubensbekenntnis, I, 4).

29. Das Männliche und das Weibliche
in der Dreifaltigkeit

Im Buch Genesis wird erzählt, Gott habe die Menschheit geschaffen, und zwar als Mann und Frau habe er sie geschaffen, und beide seien sein Bild und Gleichnis (Gen 1,27). Nur insofern sie männlich und weiblich ist, stellt die Menschheit Gott hier auf der Erde dar. Gott ist jenseits der Geschlechter. Gleichwohl haben das Männliche und das Weibliche auf seiten der Menschen ihre letzte Wurzel im Innern des trinitarischen Geheimnisses. Dank der Tatsache, daß der dreifaltige Gott männlich und weiblich ist, können wir als Männer und Frauen sein Bild und Gleichnis sein.

In den letzten Jahren ist den Christen, vor allem den Frauen unter ihnen, aufgegangen, daß die theologische Sprache fast durchgehend männlich geprägt ist. Gott ist Vater, der seit Ewigkeit einen Sohn zeugt; und gemeinsam lassen die beiden seit jeher den Heiligen Geist entstehen. Die Hauptbegriffe des Christentums sind männlich, die Leitung der Kirche liegt allein in Händen von Männern, Frauen sind davon ausgeschlossen, und das Sakrament der Weihe ist Männern vorbehalten.

Gestützt auf die Wahrheit des Glaubens, daß jeder Mensch (Mann wie Frau) Bild und Gleichnis Gottes ist, fragen sich mittlerweile viele, ob man nicht die sexistische Sprache (das heißt, daß ausschließlich Begriffe eines Geschlechts, in diesem Fall: des männlichen, gebraucht werden) überwinden und zu einer transsexistischen Begrifflichkeit gelangen könne, um den Reichtum des göttlichen Geheimnisses auszudrücken.

Immer mehr Christen, vor allem in den Vereinigten Staaten, aber auch in Lateinamerika, vermeiden es, wenn sie sich auf den *Menschen* beziehen wollen, in ihren Sprachen global von *man* bzw. *homem* oder *hombre* zu sprechen, statt dessen reden sie lieber von

Männern und Frauen bzw. von menschlichen Personen. Ebenso vermeiden sie es, von Gott nur als Vater zu sprechen; da und dort fügen sie auch das Wort »Mutter« ein. Kein Geringerer als Papst Johannes Paul I. sagte 1978 in einer öffentlichen Audienz: »Gott ist Vater, mehr noch: er ist uns Mutter.« Die Propheten des Alten Testaments verwenden Ausdrücke, die Gott als Mutter versinnbilden: Gott nimmt die Menschen auf seinen Schoß, küßt sie und wischt ihnen die Tränen ab (Hos 11,4; Jes 49,15; 66,13; Ps 25,6). Wenn man im Hebräischen sagt, Gott sei barmherzig, dann benutzt man ein Wort, das sprachlich mit »Gebärmutter« verwandt ist; im Hintergrund steht die Vorstellung, Gott fühle mit seinen Söhnen und Töchtern, wie jeder Mutter die Kinder leid tun. In seiner Enzyklika »Dives in misericordia« aus dem Jahre 1980 erinnert auch Papst Johannes Paul II. an diese weibliche Dimension Gottes. Wir können also sagen: Gott Vater hat mütterliche Züge, und Gott Mutter hat männliche Züge. Gott ist zugleich Vater und Mutter von unendlicher Zärtlichkeit. Ähnliches könnten wir auch vom Sohn und vom Heiligen Geist sagen. Sie sind gemeinsam Quelle des Weiblichen und des Männlichen. In ihrem Wirken in der Heilsgeschichte bringen sie die männlichen und die weiblichen Züge im Leben der Gerechten, das heißt: gerechter Männer und Frauen, zum Ausdruck. Dadurch aber sind sie einem und einer jeden von uns nahe und umgreifen uns in unserem Sosein. Unser Mann- und unser Frausein wurzeln im ewigen Männlichen und ewigen Weiblichen, in strahlender Gemeinschaft.

Was für eine Zukunft haben wir als Männer und als Frauen? Es trifft nur die halbe Wahrheit, zu sagen, wir würden in das ewige Leben hinein auferstehen. Das stillt nicht unseren unersättlichen Hunger. Jede Frau und jeder

Mann, die bzw. der in das Reich der Dreifaltigkeit gelangt, wird als Frau bzw. als Mann an der trinitarischen Gemeinschaft Anteil haben. Das Weibliche und das Männliche, die uns Bild und Gleichnis der Dreifaltigkeit sein lassen, werden in Gemeinschaft mit dem ewig Weiblichen und dem ewig Männlichen vereint sein.

30. Vater, Sohn und Heiliger Geist existieren seit jeher gemeinsam

Vater, Sohn und Heiliger Geist sind drei Einzige, vereint in Leben, Liebe und ewiger Gemeinschaft. Deshalb sind sie keine drei Götter, sondern ein einziger Gott. Sie sind gleich»zeitig«, sie wenden sich seit Ewigkeit einander zu und bilden eine einzige Lebens-, Liebes- und Einheitsgemeinschaft. Zum Vergleich könnte man an drei Quellen denken, deren Wasser aufeinander zufließen und einen einzigen See bilden, oder an drei nach oben gerichtete Wasserstrahlen, die sich in der Höhe treffen und in einem einzigen Sturzbach zur Erde zurückfallen. Und das ewig. Mit Recht betonen die Väter der verschiedenen Konzilien immer wieder, jede der göttlichen Personen sei gleich ewig, gleich mächtig, gleich gewaltig. Alles in der Dreifaltigkeit geschieht zugleich. Keine Person ist größer oder höhergestellt, niederer oder geringer, älter oder jünger. Die göttlichen Drei sind seit aller Ewigkeit gemeinsam-gleich. Aufgrund dieser grundlegenden Gleichheit sind die göttlichen Personen miteinander und wirken miteinander. Nur: Wie vereinen sie sich, und wie sind sie ein einziger Gott?

Was die Einheit der göttlichen Personen ausmacht, ist die ununterbrochene und unendliche gegenseitige Durchdringung des Vaters, des Sohnes und des Heiligen Geistes. Wir sprachen bereits davon und nannten den Fachausdruck: Perichorese. Der Begriff besagt, daß eine Person in den anderen wohnt, sie durchdringt und von ihnen durchdrungen wird. Eine solche Einung ist spezifisch für Personen und geistige Wesen. Allein Personen, die sich voneinander unterscheiden, sind imstande, Beziehungen dichtester Innigkeit, gegenseitiger Hingabe und Gemeinsamkeit und Gemeinschaft stiftender Liebe herzustellen. Zwischen den göttlichen Personen ist die Gemeinschaft absolut und die Beziehung unendlich. Dieses Zusammenleben und Koexistieren macht die Einheit des sogenannten göttlichen Wesens bzw. der sogenannten göttlichen Natur oder Substanz aus. Wer sie voller Hingebung betrachtet, wird entdecken, daß das Wesen Gottes die Liebe ist. Mit Fug und Recht prägt Johannes den Satz: »Gott ist die Liebe« (1 Joh 4,8.16). Treffend sagt Augustinus, die ewige Liebe zwischen den göttlichen Dreien begründe die trinitarische Einheit. In Formulierungen, deren Geheimnis nur er selbst kennt, schreibt er: »Jede der göttlichen Personen ist in jeder der anderen, und alle sind in jeder einzelnen, und jede einzelne ist in allen, und alle sind in allen, und alle sind ein einziger Gott.« Wenn die Lehre der Kirche also lautet, daß die in jeder einzelnen der göttlichen Personen gleiche Natur die Einheit in Gott ausmacht, dann haben wir – in Übereinstimmung mit der Offenbarung des Neuen Testaments – die göttliche Natur als Liebe und Gemeinschaft unendlicher wechselseitiger Teilhabe zu verstehen. Die Dreifaltigkeit der Personen ist eine grundlegende Gegebenheit der göttlichen Existenz. Sie kommt nicht erst dadurch zustande, daß sich der absolute Geist nach außerhalb seiner entfaltet, oder dadurch, daß sich eine immer gleiche göttliche Natur intern ausdifferenziert. Gott ist ewig, ohne Anfang und ohne Ende, Vater, Sohn und Heiliger Geist, ist Wechselbeziehung der göttlichen Drei in einer einzigen Liebe, in einem unendlichen Aufbrechen ein und desselben Lebens.

»Was anders als die Liebe erhält in der Heiligsten Dreifaltigkeit deren erhabene und unaussprechliche Einheit? Die Liebe ist das Gesetz, und dieses Gesetz ist das Gesetz des Herrn. Diese Liebe konstituiert die Dreifaltigkeit in der Einheit, und in gewisser Weise eint sie die Personen durch das Band des Friedens. Liebe schafft Liebe. Dies ist das ewige und universale Gesetz – ein Gesetz, das alles schafft und alles regiert« (*Bernhard von Clairvaux, Über die Gottesliebe*).

31. In der Dreifaltigkeit sind alle Beziehungen ternär

Vater, Sohn und Heiliger Geist sind gleichewig und gleich»zeitig«. Doch wie kann man deutlich machen, daß sich jede der göttlichen Personen zum einen von den anderen Personen unterscheidet, zum anderen zugleich aber mit ihnen in fortwährender Beziehung steht? Das Neue Testament weiterdenkend, spricht die Theologie von göttlichen Hervorgängen. Der Begriff soll zeigen, auf welche Weise eine Person immer in Beziehung zur anderen steht. Vom Vater heißt es, er sei Quelle und Ursache aller Göttlichkeit; aus dem Vater gingen der Sohn und der Heilige Geist hervor; ebenso »zeuge« er den Sohn; Vater und Sohn, verstanden als ein einziges Prinzip, »hauchten« den Heiligen Geist. Ausdrücke wie »Ursache«, »Zeugung«, »Hauchung« und »Hervorgänge« könnten den Eindruck erwecken, in Gott gebe es so etwas wie Theogonie (Werden und Zeugung eines Gottes). Doch kann man überhaupt sagen, in der Dreifaltigkeit gelte das Kausalitätsprinzip? Es gebe eine »Zeugung« und eine »Hauchung«? Behaupten wir denn nicht ständig, die göttlichen Personen seien originär gleich»zeitig« und ko-existierten ewig in Gemeinschaft und gegenseitiger Durchdringung? Im Lichte der Ewigkeit geht der Vater weder dem Sohn noch dem Heiligen Geist voraus. Die Drei treten vielmehr stets zusammen auf, und zwar immer schon ineinander verwoben in Liebe und unendlicher Gemeinschaft.

Da die göttlichen Personen also immer zusammen sind und wirken, haben wir die Begriffe, deren sich die Kirche bedient und auf die auch die Theologie zurückgreift, wie: »Ursache«, »Zeugung« und »Hauchung«, stets in einem analogen und bildlichen Sinn zu verstehen. Wir haben es mit höchst eindringlichen Formeln zu tun. Sie zeigen, daß und wie die göttlichen Drei immer aufeinander bezogen sind. In der Tat: Der Vater existiert nicht ohne den Sohn, noch der Sohn ohne den Vater. Der Hauch (Geist) existiert nicht, ohne daß er mit dem Wort (Sohn) einherginge, das aus dem Mund des Vaters hervorgeht. Wenn wird die altehrwürdigen offiziellen Ausdrücke verwenden, dann tun wir das stets in einem strikt trinitarischen Sinn: Die Begriffe gelten allein für das Geheimnis der Dreifaltigkeit, wo alles ewig, gemeinsam und gleich»zeitig« ist. Allerdings wird niemand das Risiko eines anthropomorphen (das heißt: nach Maßgabe menschlichen Verhaltens, wie zum Beispiel der Zeugung, gestalteten) und für das Geheimnis der göttlichen Drei unangemessenen Verständnisses ausschließen können.

Die Schrift eröffnet eine zweite Möglichkeit. Man kann von den göttlichen Personen auch mit Worten wie »offenbaren« und »erkennen« sprechen. Die gleichewigen und gemeinsam-gleichen Personen offenbaren sich gegenseitig und erkennen sich gegenseitig ineinander und durcheinander. So offenbart sich der Vater durch den Sohn im Geist. Der Sohn offenbart den Vater in der Kraft des Geistes. Der Heilige Geist »geht hervor« aus dem Vater und ruht auf dem Sohn. So ist der Geist aus dem Vater durch den Sohn (a Patre Filioque), wie der Sohn sich im Vater durch die Liebe des Geistes (a Patre Spirituque) erkennt. Da also die drei Personen solchermaßen ineinander verschränkt sind, folgt daraus, daß die Beziehungen zwischen ihnen immer ternär sind: Wo die eine Person ist, sind stets auch die beiden anderen.

Eintracht, Freude und Gerechtigkeit wären in unserer Welt ohne Maß, ließen wir in unserem Denken und Handeln die Logik der Dreifaltigkeit walten. Diese will stets den anderen hereinholen, das Gegenüber umgreifen, Gemeinschaft stiften und Unterschiede gelten lassen – immer bemüht, die Differenzen nicht zur Ungleichheit werden zu lassen.

32. Drei Sonnen, aber nur ein Licht: so ist auch die Dreifaltigkeit

Viele Christen haben enorme Schwierigkeiten, sich die drei göttlichen Personen als nur einen Gott vorzustellen. Wie kann denn drei gleich eins sein? Dazu muß sogleich klargestellt werden, wie wir ja auch schon eingangs gesagt haben, daß die Rede von drei Personen und einem Gott nichts mit Mathematik oder Buchhaltung zu tun hat. In der Schrift wird nie irgend etwas an Gott gezählt. Die Bibel kennt nur das Wort »einzig«. Der Vater ist »einzig«, der Sohn ist »einzig«, und der Heilige Geist ist »einzig«. Aber »einzig« ist keine Zahl und auch nicht der oder das erste in einer Reihe, sondern ist gerade die Negation jeder Zahl. Wer »einzig« ist, kennt weder neben noch nach sich irgend jemanden. Es geht ausschließlich um ihn und um niemanden sonst. Aus diesem Grund läßt sich in der Dreifaltigkeit nichts addieren.

Ausgangspunkt hat für uns die Existenz dreier Einziger zu sein: des Vaters, des Sohnes und des Heiligen Geistes. Die Feststellung ist wichtig; denn die

Grundlage aller Wirklichkeit beruht auf der Ko-Existenz der drei Einzigen und nicht auf der Einsamkeit des Einen, der stets mit sich identisch bliebe. Die drei Einzigen lassen sich nicht gegeneinander austauschen. Sie sind unterschieden, aber nicht ungleich. So gibt es auch die Samba, den Rock, die Bossa Nova und den Gregorianischen Choral, die unterschiedlichen musikalische Gattungen, die aber nicht ungleich in Würde und Wert sind. Unterschied heißt nicht Ungleichheit. Alle die genannten Gattungen sind Ausdrucksformen von Musik. Ähnlich verhält es sich mit den drei Einzigen. Sie unterscheiden sich. Der Vater ist weder der Sohn noch der Heilige Geist; dennoch sind sie in gleicher Weise Gott. Wenn sie sich unterscheiden, dann deshalb, damit sie in Gemeinschaft treten und den eigenen Reichtum untereinander austauschen können. Die drei Einzigen stehen nie einfach nebeneinander oder gar mit dem Rücken zueinander, seit Ewigkeit sind sie einander zugewandt. Mehr noch: Sie wohnen ineinander und teilen Leben und Liebe untereinander in einer solch unendlichen und vollkommenen Weise, daß sie zu einer einzigen Gemeinschaft werden. Ohne gegen Logik oder Mathematik zu verstoßen, können wir deshalb sagen: Die drei göttlichen Personen stehen in einem so engen Bezug zueinander und durchdringen sich in Liebe in einer so radikalen und umfassenden Weise, daß sie einen einzigen Gott bilden.

Um etwas von dieser Einheit begreifen zu können, müssen wir an menschliche Erfahrungen der Liebe und der Wärme im Bereich des Geistes, des Herzens und der menschlichen Nähe denken. Liebende sind immer zwei, in der Familie drei (Vater, Mutter und Kinder). Doch die Anziehung zueinander ist so groß, daß sie das Empfinden haben, nur noch ein Leben, ein Herzschlag und ein Schicksal zu sein. Etwas Ähnliches und doch unendlich Vollkommeneres geschieht mit den göttlichen Dreien: Liebe, Gemeinschaft und Lebensfluß untereinander – jeder gibt sein Leben immer und ewig den anderen – sind so absolut, daß sie die Einheit Gottes konstituieren. So kann Johannes von Damaskus sagen, die Dreifaltigkeit sei wie drei Sonnen, die indes so ineinander seien, daß sie ein einziges Licht spendeten. Dementsprechend ist Gott in drei Personen ewig ein einziger Gott in Liebe.

Um ein wenig vom Geheimnis der Gemeinschaft der göttlichen Drei zu erahnen, müssen wir tief in unsere eigenen Erfahrungen hineinschauen. Wer dem Ruf der Liebe lauscht, weiß, daß es bei der Liebe um Einheit, Gemeinschaft und Einssein mit der geliebten Person geht. Im Grunde möchte man nicht mehr sagen: »Ich denke, ich will, oder ich tue etwas«, sondern: »Wir denken, wir wollen oder wir tun etwas«. Wenn das aber schon so bei uns ist, die wir ja nur ein schwaches Abbild der Dreifaltigkeit sind, um wieviel mehr gilt es dann für den Vater, den Sohn und den Heiligen Geist, die – als drei Personen und ein einziger Lebens- und Liebesgott – das wahre Urbild alles Seienden und Lebenden sind!

VI. Die Gemeinschaft der Dreifaltigkeit: Kritik und Inspiration für Gesellschaft und Kirche

33. Jenseits von Kapitalismus und realem Sozialismus

Die Gemeinschaft zwischen Vater, Sohn und Heiligem Geist, die den einen Gott konstituiert, ist ein Geheimnis von einschließender Dynamik. Die drei göttlichen Personen öffnen sich nach außen und laden die Menschen und das gesamte Universum ein, sich an ihrer Gemeinschaft und an ihrem Leben zu beteiligen. Der johanneische Jesus sagt prägnant: »Alle sollen eins sein: Wie du, Vater, in mir bist und ich in dir bin, sollen auch sie in uns sein« (Joh 17,21). Die Gegenwart der trinitarischen Gemeinschaft in der Geschichte eröffnet die Möglichkeit, alle Barrieren zu überwinden, welche Unterschiede zu Ungleichheit und Diskriminierung werden lassen. So gibt es im Geheimnis des Sohnes (der zweiten Person der Dreieinigkeit) weder Juden noch Heiden, weder Männer noch Frauen, sondern alle sind einer (Gal 3,28). Auf wirtschaftlicher Ebene entwickeln die Christen eine umfassende Gütergemeinschaft (Apg 4,31–35), und auf sozialer Ebene sind sie alle »ein Herz und eine Seele« (4,32). Diese Verhaltensweisen sind utopische Realitäten, und wir sind auf dem Weg in Richtung dieser Ideale. Sie setzen Energien frei, kraft deren wir immer höhere Stufen von Teilhabe, Mitwirkung und Gemeinschaft erreichen und zugleich das Erreichte immer wieder relativieren und kritisieren und es offenhalten für weitere Vervollkommnung.

Als Menschen haben wir das fundamentale Bestreben nach Partizipation, Gleichheit, Achtung vor den

Unterschieden und Gemeinschaft mit allen und mit allem ebenso wie mit Gott. Bei der Verwirklichung dieser uralten Sehnsüchte, die allen Menschen und allen Gesellschaften innewohnen, ist die Gemeinschaft der göttlichen Drei für uns eine Quelle der Inspiration. Jede der göttlichen Personen partizipiert voll und ganz an den beiden anderen, an ihrem Leben, ihrer Liebe und ihrer Gemeinschaft. Jede ist gleich an Ewigkeit, Erhabenheit und Würde; keine ist der anderen über- oder untergeordnet. Dennoch: Obwohl gleich in der Teilhabe an Leben und Liebe, unterscheidet sich jede Person von den anderen. Doch dieser Unterschied ermöglicht gerade erst die Gemeinschaft und die gegenseitige Hingabe. Die Personen sind unterschieden, damit sie den anderen von ihrem Reichtum geben können und so die ewige Gemeinsamkeit und göttliche Gemeinschaft bilden. Die Dreifaltigkeit ist die beste Gemeinschaft.

Inwieweit kommen die heutigen Systeme menschlichen Zusammenlebens, Kapitalismus und Sozialismus, diesem Ideal nach? Der Kapitalismus geht aus vom Individuum und dessen persönlichem Einsatz, ohne wesentliche Bindung an die Mitmenschen und an die Gesellschaft. Im Kapitalismus gilt die private Aneignung der Güter, unter Ausschluß der großen Mehrheit. Die Überbetonung des Unterschieds gerät zum Schaden für die Gemeinschaft. Der Sozialismus legt Wert auf Teilhabe und Mitwirkung aller. Deshalb steht er strukturell dem Heilsplan Gottes näher als jedes andere System. Allerdings sind ihm die persönlichen Unterschiede nicht sonderlich wichtig. Die sozialistische Gesellschaft wird leicht zur Masse und nicht so sehr zu einem Netz von Gemeinschaften, Gemeinden und Gemeinwesen, in denen die Menschen zählen. Das trinitarische Geheimnis ist ein Fingerzeig auf Gesellschaftsformen, in denen alle Beziehungen zwischen Menschen und Institutionen gemäß Gleichheit, Geschwisterlichkeit und Achtung vor den Unterschieden gestaltet und bewertet werden. Nur so wird die Unterdrückung, in welcher Form auch immer, ein Ende haben und werden Leben und Freiheit den Sieg davontragen.

In allen radikal menschlichen und sozialen Problemen steckt ein unendlicher Traum: ein letztes Bedürfnis nach Leben für alle, nach Gerechtigkeit für alle, angefangen bei den Letzten, nach Einbeziehung aller und nach Gemeinschaft mit allem und allen. Mit anderen Worten: Es geht stets um eine theologische Frage, die mit dem Höchsten und Entscheidenden unserer Geschichte zu tun hat. In all diesen Herausforderungen klingt das Geheimnis der Dreifaltigkeit an, in dem die drei Personen dank ihrer wechselseitigen Liebe ineinanderströmen, um ein einziger Gott zu sein, der Leben ist und Leben spendet.

34. Von einer Kirche, die sich als Gesellschaft versteht, zu einer Kirche, die Gemeinschaft ist

Der Kirche eignet eine Dimension des Geheimnisses, die nur der Glaube zu erfassen vermag. Die Kirche ist Trägerin des Gedächtnisses Jesu Christi, der Kraft des Geistes und der Überlieferung der Apostel. Wir glauben, daß in ihr die Substanz der Inkarnation in der Geschichte gegenwärtig bleibt: Durch Christus und durch den Heiligen Geist ist Gott definitiv einem jeden von uns in der menschlichen Geschichte nahe. Das Geheimnis nimmt geschichtliche Gestalt an, insofern es sich in Gruppen, Gemeinschaften und Gemeinden organisiert. Diese bedienen sich ihrerseits der Elemente einer jeden Epoche, mit dem Ergebnis, daß die Kirche so viele Gesichter aufweist, wie sie Inkarnationen erfahren hat. Dabei ist sie in der Frage des Umgangs mit der Macht am nachhaltigsten von monarchischen Vorstellungen geprägt worden; diese haben die Art und Weise bestimmt, wie sie die Macht unter ihren Mitgliedern verteilt. Ausschlaggebend war hier nicht die Reflexion über die Dreifaltigkeit, sondern der vortrinitarische oder atrinitarische Monotheismus. Noch heute heißt es ja: Wie Gott einer ist, wie Christus einer ist, so kann es auch auf Erden nur einen offiziellen Stellvertreter Christi geben; und das ist der Papst für die ganze Kirche, der Bischof für die Diözese, der Pfarrer für die Pfarrei und der Koordinator für die Basisgemeinde. So haben wir es mit einer enormen Machtkonzentration bei jeweils einer einzigen Person zu tun. Wer mit solcher Machtbefugnis ausgestattet ist, nimmt, wenn er anderen Frauen und Männern begegnet, unwillkürlich eine paternalistische und fürsorgerische Haltung ein. Er sieht sich mit schwerer Verantwortung beladen, soll er doch Gott gegenüber den Menschen vertreten. Die Machtausübung ist für ihn ein notwendiger Dienst an den anderen, damit diese das ewige Heil erlangen. *Für das Volk tut er alles;* doch da er allein der offizielle Stellvertreter Gottes ist, wird er kaum etwas *mit* dem Volk oder *aus der Perspektive* des Volkes unternehmen. Damit jedoch bleibt ihm die Intelligenz des Volkes verschlossen, seine Glaubenserfahrung, seine evangelisatorische Fähigkeit und sein Charakter, auch als Volk Gott und Christus zu vertreten. Im Rahmen solch monarchischer Praxis kommt es leicht zu Autoritarismus einerseits und Unterwürfigkeit andererseits. Die Kirche, die sich als Gemeinschaft gleicher und mitverantwortlicher Gläubiger verstanden hat, wird zu einer Kirchen-Gesellschaft, in der Funktionen und Aufgaben nunmehr ungleich verteilt sind.

Gehen wir jedoch davon aus, daß die Dreifaltigkeit die beste Gemeinschaft ist und die Gemeinsamkeit der göttlichen Drei diese einen einzigen Gott sein läßt, dann gelangen wir zu einem anderen Bild von Kirche. Kirche ist dann grundsätzlich Gemeinschaft. Jeder und jede haben ihre besonderen Merkmale und Gaben, alle aber leben im Dienst am Wohl aller. In solch einer Gemeinde begegnet man den Unterschieden mit Hochachtung und Wertschätzung, sieht man in ihnen doch letztlich den Reichtum der trinitarischen Gemeinschaft zum Ausdruck kommen. In dem Maße, in dem der einzelne Gemeinschaft schafft und sich in die Gemeinschaft hineinbegibt, ist er Repräsentant der Dreifaltigkeit. Was in der Dreifaltigkeit die Einheit der göttlichen Drei bewirkt, sind die Gemeinschaft zwischen ihnen und die rückhaltlose Hingabe der einen Person an die anderen. Genau das hat aber auch in der Kirche stattzufinden: Die Macht darf nicht weiter so zentralisiert sein, sondern muß unter alle verteilt werden; nur so wird die Kirche zu einer dynamischen Einheit finden, in der sich die Einung der Dreifaltigkeit widerspiegelt.

Eine Kirche, die vergißt, aus welcher Quelle sie stammt: aus der Gemeinschaft der drei göttlichen Personen, läßt ihre Einheit zur Einheitlichkeit erstarren; läßt eine Gruppe von Gläubigen die gesamte Verantwortung an sich reißen, so daß die anderen nur noch schwer Anteil haben und mitbestimmen können, und räumt konfessionellen Interessen gegenüber den Anliegen des Reiches Gottes das Übergewicht ein. Der Fluß, der zuvor klares Wasser führte, läuft Gefahr, zu einem Tümpel stehenden Wassers zu werden. Wir müssen uns zur Trinität bekehren, wollen wir zu Verschiedenheit und Gemeinschaft zurückfinden; Verschiedenheit und Gemeinschaft schaffen die dynamische Einheit, in der immer wieder für Bereicherung Platz ist.

VII. Die Person des Vaters: Geheimnis der Zärtlichkeit

35. Wer ist der Vater? – Geheimnis der Zärtlichkeit

Jesus sagt: »Niemand kennt den Vater, nur der Sohn und der, dem es der Sohn offenbaren will« (Mt 11,27). Der Vater ist unsichtbar; sichtbar wird er in seinem Sohn (Joh 1,18; 14,9). So sind wir auf Jesus, den eingeborenen Sohn, angewiesen, wollen wir etwas von den Zügen im Antlitz des Vaters erahnen. Zunächst einmal macht Jesus deutlich, daß der Vater ein Geheimnis der Zärtlichkeit ist. Jesus nennt Gott *Abba*, was so viel heißt wie *mein lieber Vater*. Jesus hat einen solch innigen Umgang mit dem Vater, daß er sagen kann: »Alles, was mein ist, ist dein« (Joh 17,10) und »Ich und der Vater sind eins« (Joh 10,30). Daraus folgt: »Wer mich sieht, sieht den Vater« (Joh 14,9).

Zweitens zeigt uns der Sohn etwas vom Tun des Vaters: Dieser baut das Reich auf, spendet Leben, ist barmherzig und erweist seine Fürsorge und Vorsehung. Das große Anliegen des Vaters ist die Aufrichtung des Gottesreiches. Das bedeutet: Der Tod wird seine Herrschaft verlieren, und Spaltungen werden nicht mehr das Bild bestimmen, sondern Gerechtigkeit und universale Geschwisterlichkeit werden dominieren. Jesus will mit seinem Tun dazu beitragen, daß sich das Anliegen des Vaters durchsetzt: »Der Sohn kann nichts von sich aus tun, sondern nur, wenn er den Vater etwas tun sicht« (Joh 5,19). Im Reich Gottes wird das Leben den endgültigen Sieg erringen. Gott ist ein Gott des Lebens, der stets Partei für die ergreift, die des Lebens bedürfen. Sowohl der Vater als auch der Sohn setzen sich dafür ein, Leben, und zwar Leben in Fülle, entstehen zu lassen (Joh 10,10). Deshalb sagt Jesus treffend: »Wie der Vater die Toten auferweckt und lebendig macht, so macht auch der Sohn lebendig, wen er will« (Joh 5,21). Denen gegenüber, die durch die Sünde das Leben verspielt haben, zeigt sich der Vater barmherzig, wie es so schön im Gleichnis vom verlorenen Sohn (Lk 15,11 – 32) zum Ausdruck kommt. Gott liebt auch die Undankbaren und Bösen (Lk 5,36); denn seine Natur ist Liebe, und wenn er seine Liebe nicht beantwortet sieht, läßt er es doch an Barmherzigkeit nicht mangeln. Er kümmert sich um jedes Haar auf dem Kopf eines jeden Menschen, läßt die Lilien mit ihrer Pracht wachsen und hat ein Auge für die Vögel im Himmel (Mt 6,26).

Schließlich zeigt sich der Vater, wie er ist, in seinem Verhältnis zum Sohn Jesus. Der Vater hat uns so sehr geliebt, daß er uns seinen eigenen Sohn hingegeben hat. Der Sohn erweist sich als der größte Vorkämpfer für das Reich Gottes; deshalb setzt er sein Leben für die Schwächsten ein, heilt Kranke, tröstet Trauernde und erweckt Tote wieder zum Leben. Barmherzigkeit ist seine große Maxime, gegenüber der stadtbekannten Sünderin wie gegenüber allen, die ihn um Vergebung der Sünden bitten. Die Zärtlichkeit Jesu zu allen, die zu ihm kommen, spiegelt die Zärtlichkeit des Vaters wider. Deshalb kann er sagen: »Alles, was der Vater mir gibt, wird zu mir kommen, und wer zu mir kommt, den werde ich nicht abweisen« (Joh 6,37). In der Tat: Weder die Kinder noch Nikodemus, der nächtens zu ihm kommt, noch die Pharisäer, die ihn zum Essen einladen, noch die Samariterfrau, noch die, die ihn von ferne um Hilfe anflehen, läßt er stehen. Für alle hat er ein Ohr, und damit tut er es dem himmlischen Vater gleich, der alle als seine Söhne und Töchter annimmt.

Das schrecklichste und unerträglichste Gefühl, das jemand haben kann, ist das Empfinden, abgelehnt und nicht gewollt zu sein. Es ist, als ob man Fremdling in einem Nest wäre; man stirbt den psychischen Tod. Wenn wir »Vater« sagen, wollen wir unserer Überzeugung Ausdruck verleihen, daß da jemand ist, der definitiv ja zu uns sagt. Wie ich moralisch dastehe, ist nicht das Entscheidende; immer kann ich darauf vertrauen, daß da ein Schoß ist, der mich aufnimmt. Hier bin ich kein Fremder mehr, sondern ein – wenn auch verlorener – Sohn im Haus des Vaters.

36. Der Vater als ewige Quelle aller Geschwisterschaft

Der Vater ist der, der seit Ewigkeit ist, und zwar noch bevor irgendein Geschöpf zu existieren begann. Nehmen wir einmal rein hypothetisch an, es gäbe weder Schöpfung noch irgendein Geschöpf; selbst dann wäre der Vater Vater. Der Vater ist nicht grundsätzlich deshalb Vater, weil er Schöpfer ist. Es wäre ja auch ein Schöpfer denkbar, der ein alleiniger Gott und eine alleinige unendliche Person wäre, ohne daß er Vater wäre. Der Vater ist vielmehr Vater, weil er Vater des eingeborenen Sohnes ist, weil er seit aller Ewigkeit im Heiligen Geist in Gemeinschaft mit dem Sohn steht und weil er kraft des Geistes den ewigen Sohn »zeugt«. Trinitarisch gesehen, ist die Vaterschaft die »Eigentümlichkeit« (Proprietät) des Vaters. In der Zeugung des Sohnes entläßt der Vater nach außerhalb seiner alles, was an ihm und am Sohn »nachgeahmt« werden kann. Im Sohn, der da gezeugt wird, sind alle übrigen Söhne und Töchter entworfen, die nach dem Bild und Gleichnis des Vaters, des Sohnes und des Heiligen Geistes geschaffen werden. Die Schöpfung birgt also eine ewige

Dimension der Kindschaft in sich. Mit der Liebe, mit der der Vater den Sohn zeugt, gibt er in ihm auch allen übrigen Wesen ihren Ursprung, im Sohn, durch den Sohn, mit dem Sohn und für den Sohn (vgl. Joh 1,3; Kol 1,15–17). Alles Seiende hat teil an der Sohnschaft des eingeborenen Sohnes wie auch an der Hauchung des Heiligen Geistes.

Da wir alle im Sohn existieren (vgl. Röm 8,29), sind wir alle Geschwister. Christus, der ewige Sohn, ist »der Erstgeborene von vielen Brüdern« und Schwestern (Röm 8,29). Dann aber ist Gott Vater und wir sind Geschwister nicht primär, weil Gott Schöpfer ist und uns geschaffen hat, sondern weil er Vater des eingeborenen Sohnes ist (Röm 15,6; 1 Kor 1,3; 2 Kor 11,31; Eph 3,14). Und wir wurden vom Vater im Sohn in derselben Liebesbewegung entworfen, mit der der Vater in der Einheit des Heiligen Geistes den Sohn »zeugte«. Damit aber stehen wir als Geschöpfe nicht bloß in einem rein äußerlichen Verhältnis zum trinitarischen Geheimnis. Die Wurzel unserer Geschwisterschaft haftet im Geheimnis der Fruchtbarkeit des Vaters. Um den Unterschied zwischen dem ewigen und eingeborenen Sohn und dessen Brüdern und Schwestern zu benennen, greift die Theologie zu den Ausdrücken »eingeborener Sohn« und »Adoptivkinder«. Der Sohn ist nicht geschaffen, sondern gezeugt aus derselben Substanz des Vaters, das heißt: aus Liebe und Gemeinschaft, zusammen mit dem Geist. Wir hingegen, Schwestern und Brüder des eingeborenen Sohnes, sind aus dem Nichts geschaffen, nach dem Bild und Gleichnis des Sohnes, durch den Vater, gemeinsam mit dem Geist. Wie dem auch sei, der Vater des Sohnes ist auch unser Vater. Mit Recht lehrt uns Jesus, ihn »unser Vater in den Himmeln« zu nennen. Der Vater ist nie ohne den Sohn. Und der Sohn ist nie ohne die anderen Adoptivkinder des Vaters, mit anderen Worten: ohne die Brüder und

Schwestern. Solch ein Verständnis wehrt jedem Autoritarismus und Paternalismus, die sich allein auf die Gestalt des Schöpfergottes und Vaters des Alls beziehen. Dieser Vater hat an erster Stelle den Sohn gezeugt – und in ihm auch uns alle. Daraus folgt, daß die Gemeinde von Gleichen, von Brüdern und Schwestern, die wahre Repräsentantin der Dreieinigkeit ist. Und wenn es dort Autorität gibt, dann deshalb, damit sie die Gemeinde stärkt – im Dienst an ihr, in den Reihen von ihr und immer mit ihr.

Faszinierend zu wissen, daß wir existierten, bevor wir existierten. Daß wir in den Gedanken des Vaters wohnten. Daß wir seit Ewigkeit geliebt sind. Daß der Vater auch über einen jeden, eine jede von uns gesagt, was er seinem eingeborenen Sohn gesagt hat, sagt und immer sagen wird: »Du bist mein vielgeliebter Sohn, meine vielgeliebte Tochter. Euch wende ich meine ganze zärtliche Liebe zu.«

37. Der mütterliche Vater und die väterliche Mutter

Wenn der christliche Glaube bekennt, Gott sei der Vater des ewigen Sohnes mit dem Heiligen Geist, dann will er zum Ausdruck bringen, daß wir in ihm das absolute Geheimnis erfahren, von dem alles kommt und zu dem alles geht. Gott ist die Quelle aller Fruchtbarkeit. Nun läßt sich diese Vorstellung sowohl durch den Begriff »Vater« als auch durch den Ausdruck »Mutter« darstellen. Die Wörter sind verschieden, doch der gemeinte Inhalt bleibt derselbe. Wenn wir vom ewigen Vater und von der ewigen Mutter sprechen, wollen wir überdies sagen, das Weibliche wie das Männliche, die ja beide dem Buch Genesis (1,27) zufolge Bild und Gleichnis Gottes sind, fänden in der Dreieinigkeit ihre letzte Wurzel und Rechtfertigung. Möglicherweise ist solch eine Redeweise einigen Christen nicht sehr vertraut; denn wir sind Erben der Vorherrschaft des Mannes ebenso wie einer sexistischen Sprache von Gott. Doch ein Blick in die Bibel zeigt, daß Gott dort auch mit Zügen einer Mutter geschildert wird. Treffend sagte schon der gute Papst Johannes Paul I. 1978: »Gott ist Vater, mehr noch: er ist uns Mutter.« Und bereits 675 lehrte das Konzil von Toledo: »Unser Glaube ist: nicht ist der Sohn aus dem Nichts oder aus einer anderen Wesenheit gezeugt oder geboren worden, sondern aus dem *Schoß des Vaters,* das heißt aus dessen Wesenheit.« Toledo spricht vom Uterus. Nun ist der Schoß aber ein Organ der Frau, der Mutter. Gott ist mütterlicher Vater oder väterliche Mutter. Mit anderen Worten: Die Fruchtbarkeit Gottes läßt sich am besten im Vergleich mit den beiden menschlichen Quellen der Fruchtbarkeit zum Ausdruck bringen: mit dem irdischen Vater und mit der irdischen Mutter. Beide benennen in würdiger Weise, was Gott ist in seinem Geheimnis, das allem seinen Ursprung gibt. Gott ist in jedem Zeugungsprozeß und in jedem Geschehen, aus dem neues Leben entsteht, gegenwärtig.

Der alttestamentliche Prophet Deuterojesaja stellt Gott mit Kennzeichen einer Mutter dar. Er fragt: »Kann denn eine Frau ihr Kindlein vergessen, eine Mutter den Sohn ihres Schoßes?« (Jes 49,15). Die in der Frage enthaltene Aussage gilt um so mehr von Gott. Es ist eine typisch mütterliche Geste, zu trösten und den Kindern die Tränen abzuwischen. Deshalb heißt es bei Tritojesaja: »Wie eine Mutter ihren Sohn tröstet, so tröste ich euch« (Jes 66,13). Eines der Hauptmerkmale Gottes ist seine Barmherzigkeit. Nun beinhaltet Barmherzigsein in hebräischem Denken und Sprechen aber einen Bezug auf die mütterlichen Eingeweide. Der Vater des verlorenen Sohnes legt mütterliche Züge an den

Tag: Er geht dem Sohn entgegen, nimmt ihn in die Arme und bedeckt ihn mit Küssen. Wir können also sagen: Gott ist nur dann ewiger Vater, wenn er auch mütterliche Merkmale aufweist. Gott ist nur dann ewig zärtliche Mutter, wenn er auch väterliche Dimensionen zeigt. Im Vater und in der ewigen Mutter fühlen wir uns voll Wärme angenommen, im Reich der Söhne und Töchter, frei und glücklich, Mitglieder der göttlichen Familie.

Es ist überaus tröstlich, zu entdecken, daß der Vater nur dann ganz und gar Vater ist, wenn er sich auch als Mutter erweist. Wie der Vater des verlorenen Sohnes wartet er auf uns und späht aus an der Biegung des Weges, um uns entgegenzulaufen, uns in die Arme zu schließen und mit Küssen zu bedecken. Doch damit das alles Wirklichkeit werden kann, muß man Heimweh nach dem Elternhaus haben und sich entschließen heimzukehren.

38. Der Vater als ursprungloser Ursprung

Die Offenbarung, die uns der fleischgewordene Sohn vom Vater hat zuteil werden lassen, macht es uns möglich, etwas von seiner immanenten Wirklichkeit zu erahnen. Wir kennen den Vater nur vermittels der Offenbarungstat des Sohnes (Mt 11,27), ist er doch das unauslautbare Geheimnis par excellence. Jede der göttlichen Personen ist Geheimnis. Nur: Im Vater tritt das Geheimnis als Geheimnis hervor. Dabei muß ein für allemal klar sein, daß das göttliche Geheimnis immer ein Geheimnis der Gemeinschaft, des Lebens und der Liebe ist. Es drückt uns nicht nur nicht nieder, sondern fasziniert uns und lädt uns ein, an seinem Glück teilzuhaben. Der Glaube sagt, der Vater sei der Ursprung ohne Ursprung. Wie die anderen Personen ist auch er eine Quelle, die seit aller Ewigkeit Leben hervorbringt und den anderen in Fülle zuströmen läßt. Aus diesem Grund glauben wir, der Vater »zeuge« den Sohn im Heiligen Geist. Doch heißt »zeugen«, wie wir bereits sahen, nicht, daß sich der Vater in irgendeiner Weise ausweite oder entfalte; »zeugen« ist die Art und Weise, wie sich der Vater im ewigen Sohn offenbart und in ihm seine Fruchtbarkeit erweist. Auch mit dem Heiligen Geist ist der Vater zusammenzusehen; in der Einung mit dem eingeborenen Sohn »haucht« er ihn. Allerdings heißt »hauchen« nicht, der Vater verursache im Zusammenwirken mit dem Sohn die dritte Person, eben den Heiligen Geist. Der Heilige Geist eint vielmehr Vater und Sohn in der Liebe, welche die drei göttlichen Personen ganz und gar durchdringt. Da die göttlichen Drei immer zusammen sind, können wir zu den Dreien auch in derselben Weise beten: »Ehre sei dem Vater, dem Sohn und dem Heiligen Geist.«

Menschlicher Verstand vermag auch nicht von ferne in das trinitarische Geheimnis einzudringen, und zwar nicht nur jetzt während unseres irdischen Lebens, sondern auch in der Ewigkeit, ein für allemal. Dessen unbeschadet ist es immer offen dafür, daß Menschen es zu verstehen sich bemühen und sich in die Gemeinschaft mit ihm hineinnehmen lassen. In dem Maße, in dem es keine Ursache hat und selbst die Ursache aller Dinge ist, ist es Vater. Aber es ist auch der Sohn, insofern es sich offenbart und nach außen als Wahrheit zeigt. Und schließlich ist es auch Heiliger Geist, insoweit es alles eint und sich als Liebe hingibt. Sprechen wir vom Vater, dann beziehen wir uns auf den letzten Horizont allen Seins, auf den, der alles in sich birgt und erhellt. Ausgehend von ihm, vermögen wir ja zu sagen zur Person des Sohnes wie zur Person des Heiligen Geistes. Die Drei sind stets zusammen und immer zugleich. Doch damit wir etwas von der Dreifaltigkeit begreifen können – und sei es unter ausdrucksschwachen Zeichen und mit matten Hinweisen –, müssen wir in jedem Fall mit dem Vater beginnen. Wollen wir die trinitarischen Personen in eine gewisse Ordnung bringen, so müssen wir stets von ihm als dem ersten unter den Gleich»zeitigen« ausgehen: erstens der Vater, zweitens der Sohn und drittens der Heilige Geist. So zu reden ist unser Bemühen, den Glauben zu sagen. Freilich müssen wir dabei immer bedenken, daß in Wirklichkeit keiner früher ist oder höher steht, sondern daß die Drei gemeinsam-gleich, gleichewig und gemeinsam-liebend sind. Nichtsdestoweniger zeigt sich das in jeder Person gleiche Geheimnis in der Person des Vaters in einzigartiger Weise.

Das Auge vermag vieles zu sehen, nur sich selbst nicht. Jeder Fluß hat seine Quelle, nur die Quelle hat selbst keine weitere Quelle. Sie sprudelt aus eigenem Vermögen. Ähnlich verhält es sich mit dem Geheimnis des Vaters. Der Vater ist der verborgene Ursprung, der alles ermöglicht und von dem alles seinen Ausgang nimmt. Obwohl unsichtbar, ist er immer zugegen, um Leben entstehen zu lassen und zu schützen, wer in seinem Leben bedroht ist.

39. Wie zeigt sich der Vater? – Im Geheimnis aller Dinge

Die Dreifaltigkeit ist in ihrer ganzen Fülle in der Schöpfung gegenwärtig. Jede der göttlichen Personen zeigt sich in ihrer Unterschiedenheit und mit ihrer jeweiligen Eigentümlichkeit. Wie erweist sich nun der Vater als Vater in unserer Welt? Wir sahen bereits, daß wir im Vater den Charakter des unauslotbaren Geheimnisses erahnen, der der gesamten Dreifaltigkeit eignet.

Der Vater steht für das Erste und das Letzte, für den Anfang und das Ende. Der Vater bedeutet Fruchtbarkeit, Zeugung und letzten Ursprung alles Existierenden. Er ist grundsätzlich der Ursprung ohne jeden Ursprung, gemeinsam mit dem Sohn und mit dem Heiligen Geist, die mit ihm zugleich sind. Wer sagt, der Vater sei der Ursprung und Anfang aller Dinge, sagt etwas, was niemand von uns zu verstehen imstande ist. Unsere Erkenntnis hat es immer mit etwas zu tun, was bereits angefangen hat und einen Ursprung hat. Deshalb kommen wir stets im nachhinein; keiner kann seinen eigenen Ursprung vergegenwärtigen. Unser Dasein verdanken wir einem Geheimnis. Daraus folgt: Alles, was mit dem Ursprung im Sinne des Entstehens eines neuen Lebens und des Auftauchens irgendeines neuen Seins zu tun hat, hat mit dem Vater als Quelle und Ursprung aller Dinge zu tun. Alles, was uns als Herausforderung des Geheimnisses begegnet, bedeutet für uns ein Zeichen des Vaters in der Schöpfung.

Ein Geheimnis ist die Existenz des Universums. Das Universum brauchte nicht zu existieren, und doch existiert es. Ein Geheimnis sind auch das personale Leben des Menschen, der individuelle Weg seines Daseins, die Regungen in der Tiefe seines Herzens. Ein Geheimnis ist der letzte Sinn all dessen, was da existiert. All diese in das Halbdunkel des Geheimnisses gehüllten Spuren verweisen auf das Geheimnis des Vaters. Der Vater ist in all diesen Erfahrungen gegenwärtig. Er wohnt auch in unserem eigenen Geheimnis, sind wir doch fortwährend unterwegs auf der Suche nach einem letzten glücklichen Hafen, nach einem letzten Zuhause. Woher kommen wir? Was tun wir hier auf der Erde? Wohin sind wir unterwegs? Diese Fragen lassen uns nicht zur Ruhe kommen. Intuitiv spüren wir mehr, als wir wissen; denn immer sind wir vom unergründlichen Geheimnis umgeben. Es ist der Vater, der in uns wohnt, wenn wir rastlos diesen Zusammenhängen nachspüren.

Manchmal geraten wir in radikale Krisen, wir fühlen uns verloren. Ein andermal liegt ein ganzes Volk am Boden, besiegt und seiner Identität beraubt. Es muß wieder ganz von vorn anfangen und sich von neuem auf den Weg machen. In einer solchen Krisensituation schrie Jesus zu Gott und nannte ihn »meinen lieben Vater« (Mk 14,36). Als das Volk Israel aus der ägyptischen Sklaverei befreit wurde, entdeckte es Gott als Vater (Jes 63,16). Es machte die Erfahrung, daß Gott das Schreien seiner unterdrückten Kinder nicht überhört. Jahwe offenbarte sich als *Goel,* das heißt als Gott Vater, der die ungerecht Unterdrückten rächt.

Insbesondere die Armen und Gedemütigten empfinden Gott als Vater; denn keiner sonst ist für sie. An sie, die Letzten, richtet Jesus, Sohn des Vaters, an erster Stelle seine befreiende Botschaft. In dem innigen Verhältnis, das er zum Vater hat, wird er der befreienden Dimension, die dem Geheimnis des Vaters eignet, gewahr. So tut er, was der Vater in der Geschichte immer getan hat, tut und tun wird: Er ergreift Partei für die ungerecht Besiegten und nimmt sie unter seinen Schutz und Schirm. Damit kommt der Vater gerade zu denen, denen man am entschiedensten bestritten hat, daß sie seine Kinder sind. Er zeigt sich denen, die eine geschwisterliche Welt (in der alle Söhne und Töchter, Schwestern und Brüder sind) vor Augen haben und dafür kämpfen.

Steckt nicht in allem ein Geheimnis? Denken wir nur an den Himmel voller Sterne, an den Schein des Lichtes, an das Lächeln eines Kindes, an den Arm, der einem Behinderten hilft, an die Hand, die sich öffnet, um zu geben. In allem zeichnet sich das Geheimnis des Vaters ab, der uns Zeichen seiner selbst gibt...

VIII. Die Person des Sohnes: Geheimnis der Mitteilung und Ursprung der Befreiung

40. Wer ist der Sohn? – Ewige Mitteilung

An der Seite des Vaters und in ewiger Gemeinschaft mit ihm steht der Sohn. Der Sohn ist der vollendete Ausdruck des Vaters. Der Vater erkennt sich im Sohn, in seiner Ewigkeit und in seinem Zärtlichkeitsgeheimnis. Der Sohn signalisiert den Unterschied in Gott wie zugleich auch die Gemeinschaft. Aus diesem Grund sind der Vater und der Sohn immer zusammen, kennen sich, anerkennen sich und schenken sich einander. Um die Schöpfung – auf dem Weg der Erlösung – zur Fülle zu bringen, wurde der Sohn Mensch. Mit seiner Menschwerdung hat er uns das Geheimnis der Gemeinschaft geoffenbart, das der dreifaltige Gott ist. Indem er sich unter den Menschen für deren Befreiung einsetzt, wir sprachen bereits davon, offenbart er uns den Vater; die verändernde Dynamik, die von ihm ausgeht, bedeutet die Gegenwart des Heiligen Geistes. Doch wie zeigt uns Jesus von Nazaret, jener arme und mit allen Leidenden solidarische Mensch, die zweite Person der göttlichen Dreieinigkeit, das heißt: den Sohn? Wenn wir die Evangelien nehmen, so wie sie uns schriftlich vorliegen, dann stellen wir bald fest: Aus ihnen tritt uns der Sohn mit seiner ganzen dichten Gegenwart entgegen, als Offenbarer der Geheimnisse des Vaters, als Mittler der uneingeschränkten Befreiung für alle, vor allem aber für die Armen, in der Kraft des Geistes, die in ihm wohnt. Allerdings berichten uns die vorliegenden Texte des Neuen Testaments nicht nur von den Worten und Taten Jesu, sondern sie bringen auch die Reflexionen der ersten christlichen Gemeinden über das Jesusgeschehen. So ist es heute nicht ganz einfach, auseinanderzuhalten, was vom historischen Jesus und was von seinen Nachfolgern stammt. Hauptsache jedoch ist: Sowohl Jesus als auch die Theologie der ersten Christen bezeugen klar, daß wir es mit dem Sohn Gottes zu tun haben. Und dieser Sohn Gottes hat sein Zelt inmitten unserer Erbärmlichkeit aufgeschlagen.

Erstens zeigt Jesus durch die Art seines Betens, daß er Sohn Gottes ist. Er ruft Gott stets als Abba an, als lieben Vater. Wer Gott Vater nennt, fühlt sich als sein Sohn bzw. als seine Tochter. Jesus lehrt uns, daß auch wir Gott Vater nennen und uns als seine Kinder und untereinander mithin als Brüder und Schwestern verstehen dürfen. Zweitens verhält sich Jesus als Sohn des Vaters. Er steht für den Vater: So wie der Vater noch immer am Werk ist, so ist auch Jesus am Werk (Joh 5,17). So wie der Vater barmherzig ist, so ist auch Jesus barmherzig. Jesus vergibt Sünden und vermittelt den Sündern, indem er mit ihnen zusammenlebt, die Gewißheit, daß ihnen auch der Vater vergibt. Drittens gehorcht er dem Plan des Vaters, in dem es um den Anbruch des Reiches Gottes geht, bis in den Tod, allen gegenteiligen Versuchungen zum Trotz. Mit unerschütterlicher Treue widersteht er allen Verfolgungen. Und noch am Kreuz hängend, in der tiefsten Verlassenheit, gibt er sich vertrauensvoll dem Vater hin.

Mit der Begeisterung, zu der er das Volk hinreißt, mit dem Mut, mit dem er sich über veraltete Überlieferungen hinwegsetzt, und mit dem Leben, das er längs seines Weges weckt, läßt er die Menschen erahnen, daß der Geist in ihm wohnt und daß er ihn damit auch der Welt offenbart. So ist Jesus der Sohn des Vaters im Geist und unser älterer und besserer Bruder.

Die Logik der Hände ist überzeugender als die Logik der Worte. Um sich als Sohn des ewigen Vaters zu offenbaren, bedient sich Jesus lieber der Praxis als der Grammatik. So tut er Gesten der Befreiung, vergibt Sünden und weckt Tote auf. Anstatt auf Schritt und Tritt zu sagen: »Ich bin der Sohn Gottes«, erweist er sich mit seinen Taten als den Sohn Gottes.

41. Der ewige Sohn des ewigen Vaters im Heiligen Geist

Wer ist der ewige Sohn in sich selbst? Der Glaube sagt uns, er sei der Eingeborene vom Vater, desselben Wesens wie der Vater. Der Sohn ist nicht geschaffen, sondern »ohne Anfang und ohne Prinzip gezeugt«. Der Sohn ist seit aller Ewigkeit und in alle Ewigkeit beim Vater. Die Art und Weise, wie der Vater den Sohn »zeugt«, ohne daß er ihm deshalb voraus wäre, denn Vater und Sohn sind ja gemeinsam-gleich und in derselben Weise ewig, bleibt für uns im Halbdunkel des Geheimnisses. Was wir indes mit Sicherheit sagen können, ist, daß Vater und Sohn in derselben Wesensgemeinschaft leben. Die beiden unterscheiden sich, damit sie sich einander hingeben und ewige Einung leben können. Johannes sagt, der Sohn sei das Wort. Der Sohn bringt das ganze Sein des Vaters zum Ausdruck. Im Kolosserbrief (1,15) heißt es: »Er ist das Ebenbild des unsichtbaren Gottes« (des Vaters). Die ganze Fülle des göttlichen Geheimnisses äußert sich im Sohn und teilt sich uns in ihm mit. Er ist die Erkenntnis des den drei göttlichen Personen gemeinsamen Geheimnisses. Aus diesem Grund ist der Sohn die Offenbarung und die Mitteilung Gottes par excellence, in der Dreieinigkeit wie in der Schöpfung. Alles, was der Vater hat, gibt er dem Sohn, außer der Tatsache, daß er Vater ist.

Vom Vater bekommt der Sohn auch die Fähigkeit, den Heiligen Geist zu hauchen. Gemeinsam bewirken Vater und Sohn den Hervorgang des Heiligen Geistes. Doch wenn wir Ausdrücke benutzen wie »Zeugung«, »Hauchung«, »Ursprung geben« oder »hervorgehen lassen«, müssen wir sofort gestehen, daß unsere Begriff unzureichend und unangemessen sind; denn sie vermitteln den Eindruck von Ursache und Wirkung und von Abfolge, während sich doch alles in der Dimension der Ewigkeit vollzieht, wo es weder Anfang noch Ende gibt. Deshalb sei hier noch einmal das Zugleichsein der göttlichen Drei betont, die ewig koexistieren und in Gemeinschaft untereinander stehen. Zwischen ihnen waltet immer Perichorese, das heißt: gegenseitiges Sichdurchdringen in Leben, Schenken und Liebe. So können wir sagen: Zugleich damit, daß der Sohn vom Vater »gezeugt« wird, empfängt er den Heiligen Geist, der sich auf ihm niederläßt und sich mit ihm für immer vereint. Infolgedessen wenden sich Sohn und Heiliger Geist gemeinsam der Schöpfung zu, um sie zur Fülle zu führen und im umfassenden Sinn zu befreien. Zusammen mit dem Heiligen Geist tritt der Vater mit dem Sohn in Beziehung und offenbart sich ihm. Zusammen mit dem Heiligen Geist entdeckt der Sohn die Ursprunglosigkeit des Vaters und offenbart sie uns.

Der Sohn hat das Fleisch unserer Geschichte angenommen. Damit verleiht er allen Geschöpfen und insbesondere den Menschen einen Charakter von Söhnen bzw. von Töchtern. Dann aber ist unsere Natur jetzt, da der auferweckte Sohn in die Dreifaltigkeit zurückgekehrt ist, sozusagen verewigt und hat endgültig Anteil am Leben der ewigen Gemeinschaft und der ewigen Liebe. Wenn er in Einheit mit dem Geist Sohn des Vaters ist, dann sind auch wir Söhne und Töchter im Sohn und allesamt Geschwister in der Kraft desselben Geistes.

So verhängnisvoll der Weg des Menschen auch anmuten mag, ein Stück von ihm bleibt von allem Unheil absolut verschont, ja ist vollends realisiert: die heilige Menschheit Jesu, die der ewige Sohn angenommen und definitiv in den Schoß der Dreifaltigkeit hineingeholt hat. Dank Jesus ist ein Teil von uns, ein Teil unseres Herzens und ein Teil unserer unendlichen Sehnsucht, für immer gerettet.

42. Das Männliche und das Weibliche des Sohnes und unseres Bruders

Aus dem Buch Genesis wissen wir, daß wir als Männer und Frauen Bilder und Gleichnisse Gottes sind (Gen 1,27). Das bedeutet, daß die letzten Wurzeln unserer persönlichen Existenz – sei es als Männer, sei es als Frauen – ins Geheimnis Gottes selbst hinabreichen. Die göttlichen Personen haben kein Geschlecht; sie übersteigen solche geschöpflichen Determinanten. Doch die Werte und Dimensionen, die durch das Männliche und das Weibliche gegeben sind, sind auch göttliche Werte. Gestützt auf diesen Gedanken, können wir nun nach der weiblichen und männlichen Dimension jeder der göttlichen Personen fragen. In Jesus sind das Weibliche und das Männliche in vollendeter Weise integriert. Zunächst einmal das Männliche, denn Jesus war ja Mann und keine Frau. Doch wie jeder Mann trägt er in sich auch eine weiblichen Dimension, die er überzeugend zum Ausdruck bringt. Die ganze Dynamik Jesu, seine Entscheidungsfreudigkeit zugunsten der Armen, die die Erstadressaten seiner Botschaft sind, sowie sein Mut, sich den Widersachern zu stellen und selbst dem Tod nicht auszuweichen, verweisen auf die männliche Dimension in ihm, die natürlich auch in der Frau liegt, nur eben auf andere Weise. Im Weiblichen äußert sich die Dimension der Zärtlichkeit in der menschlichen Existenz, ob männlich, ob weiblich: Fürsorge, Erbarmen, Einfühlung für das Geheimnis des Lebens, insbesondere derer, die am wenigsten Leben haben, Innerlichkeit im Gebet. Die Erzählungen der Evangelien schildern uns einen Jesus, der die »anima« (weibliche Dimension) in seinen »animus« (männliche Dimension) integriert hat. In erster Linie entwickelt er ein zutiefst menschliches und zärtliches Verhältnis zu den Frauen, die ihm auf seinem Weg begegnen und von denen etliche seine Jüngerinnen sind (vgl. Lk 10,38 – 42). Immer ergreift er Partei für die Frauen, die schutzlos dastehen, wie für die Ehebrecherin, die Kanaanäerin, die ihn um Hilfe anfleht, die Samariterin und die verkrümmte Frau, die an Blutfluß leidet.

Mit ausgesprochen weiblicher Geste beugt er sich über die Armen, auf die er unterwegs stößt, läßt sich beim Anblick des im Stich gelassenen Volkes von Mitleid rühren (Mk 6,34: die Eingeweide rühren sich in ihm) und kann die Tränen nicht zurückhalten, als er vom Tod seines Freundes Lazarus erfährt (Joh 11,35). Ganz weiblich klingt es auch, wenn er sagt, er habe die Kinder Jerusalems sammeln wollen, wie eine Henne ihre Küken unter ihre Flügel nimmt, und die Jerusalemer hätten nicht gewollt (Lk 13,34).

Die weibliche Dimension Jesu gehört zu seiner Menschheit; und diese Menschheit hat der ewige Sohn in der hypostatischen Union angenommen. Das bedeutet, daß ein Stück des Weiblichen für immer vergöttlicht worden ist. Auch die Frau ist berufen, am Leben der ewigen Gemeinschaft teilzuhaben und in jeder Person der Dreifaltigkeit ein Urbild ihres Strebens nach Vervollkommnung und Wachstum zu finden.

Jeder Mensch trägt in sich eine weibliche und eine männliche Dimension, jeder Mensch besitzt Zärtlichkeit und Kraft. Ein Leben lang steht er vor der Aufgabe, die beiden Dimensionen in der Weise zu integrieren, daß sie voll und ganz menschlich und damit zu einem Spiegelbild Gottes werden können. Jesus stand zu dem Männlichen und dem Weiblichen in ihm und integrierte beides. Der ewige Sohn, der in ihm Fleisch geworden ist, hat die beiden Dimensionen für immer geheiligt und vergöttlicht.

43. Die Sendung des Sohnes: Alle Menschen befreien und zu Söhnen und Töchtern machen

Gemeinsam mit dem Heiligen Geist wurde der Sohn in die Welt gesandt. Er erleuchtet nicht nur alle Menschen, die in die Welt kommen (Joh 1,9), sondern er besucht uns in unserem eigenen Fleisch und wird unser Bruder, so arm und unterdrückt wir eben sind. Worum geht es letztlich, wenn der Sohn zu uns kommt? Was ist sein Auftrag? Was die Absicht des Ewigen? Im Laufe der Geschichte hat es zwei Richtungen gegeben, die sich um die beste Antwort auf diese Frage bemüht haben. Die erste geht vom Credo aus. Dort heißt es: »Für uns Menschen und zu unserem Heil ist er (der Sohn) vom Himmel gekommen (und) hat Fleisch angenommen durch den Heiligen Geist.« Hier ist die Inkarnation die Folge davon, daß die Menschheit gesündigt und sich von Gott entfernt hat. Die Sünde steht im Mittelpunkt. Um uns von der Sünde zu erlösen, sandte uns der Vater seinen Sohn. Doch wir fragen: Entspricht es der Würde Gottes, zuzulassen, daß die Sünde einen so zentralen Platz einnimmt? Ist denn der Mittelpunkt von allem nicht Gott und seine Ehre? Angesichts solcher Fragen geht die zweite Richtung von einem Verständnis aus, das sich auf den Prolog zum Johannesevangelium, auf den Epheser- und Kolosserbrief sowie auf einige Stellen im Hebräerbrief stützt. Demnach »ist alles durch das

Wort geworden, und ohne das Wort wurde nichts, was geworden ist« (Joh 1,3). In der Tradition des Paulus heißt es im Epheserbrief, Gott habe beschlossen, »in Christus alles zu vereinen, was im Himmel und auf Erden ist« (wörtlich: »alles unter ein Haupt zu bringen«: 1,10). Aufgrund dessen kann der Verfasser des Kolosserbriefs sagen: »In ihm wurde alles erschaffen ... Alles ist durch ihn und auf ihn hin geschaffen. Er ist vor aller Schöpfung, in ihm hat alles Bestand« (1,16–17; vgl. Hebr 2,7–8). Mit anderen Worten: Die Inkarnation ist keine Notlösung, die die Schöpfung auf ihren ursprünglichen Kurs zurückbringen soll, von dem sie abgekommen war. Die Inkarnation des Sohnes gehört zum Geheimnis der Schöpfung. Ohne das Kommen des Sohnes bliebe alles kopflos, will sagen: ohne einen letzten Sinn und ohne eine abschließende Krönung.

Wir sind der Ansicht, die letztgenannte Richtung interpretiere die göttlichen Geheimnisse besser und stehe besser in Einklang mit der Verherrlichung Gottes als die andere. Der Sohn verbifiziert, »durchwortet« das ganze All, das heißt, er läßt es an seiner Natur als Wort teilhaben und macht alle Wesen der Schöpfung, einschließlich der untermenschlichen, zu Söhnen und Töchtern. Wegen der Sünde der Menschen, die ja auch das Verhältnis zur Natur korrumpiert hat, geschah die Menschwerdung in der Gestalt der Erniedrigung und nicht der Herrlichkeit. Doch daß das so geschah, ändert nichts am Kern des Planes der Dreifaltigkeit: das ganze Universum in ihre Gemeinschaft hereinzuholen.

Diese Sicht paßt besser zu einem wirklich göttlichen Verständnis der Schöpfung. Wir sahen ja bereits: Indem sich der Vater im Sohn ent-äußert und sich in ihm offenbart, ent-äußert und offenbart er auch alle nur möglichen Abbilder seiner selbst wie seines Sohnes, die eines Tages geschaffen werden könnten. In diesem Sinn hat die Schöpfung als Entwurf ihren Ort schon in der

Dreifaltigkeit. Das betrifft auch die Menschheit Jesu mit ihrer Fähigkeit, die volle Mitteilung des Sohnes aufzunehmen, wenn dieser in die Welt gesandt würde und in unsere Geschichte käme. Und er kam. Und mit diesem Ereignis beginnt unser seliges Ende: Wir befinden uns schon in der Dreieinigkeit.

Alles trägt die Merkmale des Sohnes, weil alles in ihm, durch ihn und für ihn geschaffen wurde. Die Scherbe auf dem Weg, der Stern am Himmel, der Baustein des Atoms, alles hat Kindescharakter, weil alles im Sohn ist. Alles ist uns Bruder und Schwester. Das ist der Grund, weshalb wir es achten und lieben wie uns selbst.

IX. Die Person des Heiligen Geistes: Geheimnis der Liebe und Anbruch des Neuen

44. Wer ist der Heilige Geist? – Triebkraft umfassender Befreiung

Der Heilige Geist ist der, der das Ich-Du-Verhältnis (Vater-Sohn) überschreitet und das Wir schafft. Deshalb ist er vor allem die Einheit zwischen den göttlichen Personen, das heißt: die Person, die uns am klarsten die ewige und wesentliche Interrelation zwischen den göttlichen Dreien zu erkennen gibt. In der Geschichte erweist sich der Geist als eine vulkanische Kraft, als ein Sturm, der die Menschen erfaßt und veranlaßt, großartige Dinge zu tun. Ablesen läßt sich das an großen charismatischen Gestalten des Alten Testaments, an den Richtern und Propheten, am leidenden Gottesknecht, der für die Wiederherstellung von Recht und Gerechtigkeit kämpft, an den Königen, denen die Macht verliehen wurde, das Volk zu schützen, und am Messias, auf dem alle Gaben des Geistes ruhen. Im Folgenden möchten wir einige Merkmale des Geistes herausarbeiten.

Der Geist ist die Kraft zum Neuen und zur Erneuerung aller Dinge: In der Schöpfung schafft er Ordnung, und im Schoß Marias läßt er den neuen Adam heranwachsen, er treibt Jesus zur Verkündigung der Frohbotschaft, erweckt den Gekreuzigten von den Toten, nimmt die neue Menschheit in der Kirche vorweg und bringt uns schließlich den neuen Himmel und die neue Erde.

Der Geist aktualisiert die Erinnerung an Jesus den Befreier. In keinem Augenblick läßt er die Worte Jesu tote Buchstaben sein, sondern er treibt die Menschen an, daß sie sie immer wieder neu verstehen, neue Bedeutungen an ihnen erkennen und dank ihnen neue Verhaltensweisen entwickeln.

Der Geist ist das Prinzip, das uns aus der Situation der Unterdrückung durch die Sünde befreit, in der Sprache der Bibel: aus dem Fleisch. »Fleisch« bezeichnet das Projekt des Menschen, der sich ausschließlich mit sich selbst befaßt und die anderen und Gott aus dem Auge verliert. Immer wieder schafft der Geist Freiheit (vgl. 1 Kor 3,17), weckt Hingabebereitschaft und entzündet Liebe. Er ist der Vater der Armen, den Kleinen flößt er die Hoffnung ein, die Unterdrückung doch noch abschütteln zu können, und läßt sie unentwegt von einer versöhnten und gerechten Welt träumen und dafür kämpfen, daß sie eines Tages Wirklichkeit wird.

Schließlich ist der Geist die Kraft, die Unterschiede schafft und bei allen Unterschieden doch auch Gemeinschaft stiftet. Er weckt unter den Menschen die unterschiedlichsten Gaben und in den Gemeinden die verschiedensten Dienste und Ämter, wie dem Römer- (Kap. 12) und dem Ersten Korintherbrief (Kap. 12) zu entnehmen ist. Doch diese Vielfalt entartet nicht in Ungleichheit und Diskriminierung. Alle trinken wir von dem einen Geist (1 Kor 12,13). Gaben sind keine Gegebenheiten für das eigene Vorwärtskommen, sondern für das Wohl der Gemeinde (1 Kor 12,7).

Der Heilige Geist ist über alle ausgegossen worden. Er wohnt in den Herzen der Menschen und gibt ihnen Begeisterung, Mut und Entschiedenheit. Er tröstet die Betrübten, hält im Denken der Menschen wie in der Vorstellung der Gesellschaften die Utopie von einer voll und ganz erlösten Menschheit wach und gibt Männern und Frauen die Kraft, die Realisierung dieser Utopie – auch mit Hilfe innergeschichtlicher Revolutionen – vorwegzunehmen. Der Heilige Geist ist eine göttliche Person in der Einheit mit dem Sohn und mit dem Vater, er ist gleich»zeitig« mit ihnen und in Liebe, Gemeinschaft und demselben göttlichen Leben wesensmäßig mit ihnen geeint.

Biblisch gesehen, ist der Geist wie ein Sturm, wie ein Taifun. Er ist eine Kraft der Veränderung wie die Liebe, die stärker ist als der Tod. Anders als in unserer Kultur ist der Geist in der Bibel nichts Ätherisches oder Undefinierbares, sondern eine lebenschaffende Energie fortwährender Erneuerung. Deshalb steckt in biblisch inspirierter Geistigkeit und Spiritualität eine ungeheure Dynamik.

45. Der Heilige Geist ist stets zusammen mit dem Sohn und mit dem Vater

In welchem Verhältnis steht der Heilige Geist als die dritte göttliche Person zum Vater und zum Sohn? Das Neue Testament gibt eine doppelte Auskunft: Zum einen sagt es, Jesus werde ihn vom Vater aus senden (Joh 15,26), und zum anderen heißt es, der Geist gehe vom Vater aus (Joh 15,26). Wie also hat man die Bindung des Geistes an den Vater und an den Sohn zu verstehen? Die Frage entzweite die Kirche, bis es im Jahr 1054 zu einer Spaltung kam, die bis heute fortdauert: auf der einen Seite die römisch-katholische und auf der anderen die orthodox-katholische Kirche. Hinter den unterschiedlichen Interpretationen stehen verschiedene Vorstellungen von Gott, Kirche und Gesellschaft. Wir sahen bereits, daß die Griechen vom Vater als der Quelle und letzten Ursache aller Göttlichkeit ausgehen. Der Vater spricht sein Wort (den Sohn), und zusammen mit dem Wort haucht er zugleich den Hauch (den Heiligen Geist). Auch wenn die Quelle dieselbe ist (der Vater), sind Wort und Hauch gleichwohl unterschieden. Genauso haben wir zwei unterschiedliche Formen, in denen die beiden aus dem Vater hervorgehen, so daß dieser nicht zwei Söhne hat, sondern einen eingeborenen Sohn und einen einzigen Geist.

Die Lateiner hingegen gehen von der einen göttlichen Natur aus, die in jeder der Personen identisch ist. Indem der Vater den Sohn zeugt, übergibt er ihm alles (vgl. Joh 16,15), einschließlich der Fähigkeit, gemeinsam mit ihm den Heiligen Geist zu hauchen. Dank dieser Gemeinsamkeit sind Vater und Sohn eins (vgl. Joh 10,30) und ein einziges Prinzip, das den Heiligen Geist haucht. Anderenfalls hätte der Vater zwei Söhne bzw. gäbe es zwei Prinzipien, zwei Ursprünge für den Heiligen Geist. Aufgrund dessen sagen die Lateiner, der Geist gehe aus dem Vater und dem Sohn (Filioque) als einem einzigen Prinzip hervor.

Doch die Griechen lehnen die Deutung der Lateiner ab, weil sie nach ihrer Meinung den spezifischen Charakter des Vaters preisgibt, die Eigenschaft nämlich, alleinige Ursache und Quelle aller Göttlichkeit zu sein. Denn der Sohn hätte dann ja teil an dieser ausschließlichen Qualität (wäre also so etwas wie ein zweiter Vater), die damit aufhörte, etwas Ausschließliches zu sein. Das Anliegen ist bei Griechen wie Lateinern dasselbe; die einen wie die anderen wollen die volle Göttlichkeit und Gleichheit der Person des Sohnes und des Heiligen Geistes gesichert sehen. Die Griechen wollen das dadurch erreichen, daß sie Sohn und Heiligen Geist aus ein und derselben Quelle – das heißt: aus dem Vater – hervorgehen lassen. Die Lateiner wollen das auch, nur auf einem anderen Weg, indem sie nämlich die Tatsache herausstellen, daß alle drei göttlichen Personen »konsubstantial« sind, will sagen: gemeinsam dieselbe Substanz, dieselbe Natur haben. Dem Geist eignet dieselbe Natur, die der Sohn vom Vater empfangen hat. Wie der Sohn sie vom Vater empfangen hat, so gibt er sie gemeinsam mit dem Vater dem Heiligen Geist. Deshalb sagen die Lateiner, der Heilige Geist gehe aus dem Vater und dem Sohn hervor.

Was wir bei alldem definitiv festhalten müssen, ist, daß der Geist Gott ist wie der Vater und der Sohn. Nicht umsonst bekennen wir im Credo: Er wird »mit dem Vater und dem Sohn angebetet und verherrlicht«, und er »hat durch die Propheten gesprochen«.

Vater und Sohn treten in ihrem Von-Angesicht-zu-Angesicht in einen Dialog und öffnen sich in vollkommener Liebe. Die Liebe ist vollkommen, wenn sich die beiden, Vater und Sohn, vereinigen, um gemeinsam einen Dritten zu lieben. Diese dritte Person ist der Heilige Geist. Der Heilige Geist stellt das Neue dar und steht für Offenheit und absolute Gemeinschaft. Deshalb ist es so wichtig, an der Glaubensüberzeugung festzuhalten, daß der Vater und der Sohn gemeinsam den Heiligen Geist »hauchen« bzw. daß der Vater ihn durch den Sohn »haucht«. Denn es geht hier um den grundlegenden Sachverhalt, daß das Von-Angesicht-zu-Angesicht der Zwei auf das Zusammensein im Dritten hin überschritten wird.

46. Das Zugleich des Heiligen Geistes mit dem Vater und dem Sohn

Die Diskussionen um die Frage, woraus der Heilige Geist hervorgehe und wie er mit dem Vater und dem Sohn in Verbindung stehe, haben die eine Kirche in zwei geschichtliche Formen gespalten: in die römisch-katholische und in die orthodox-katholische Kirche. Zwei ökumenische Konzilien, das von Lyon (1274) und das von Florenz (1439), sollten Versöhnungsformeln bringen. In Lyon heißt es eindeutig, der Geist gehe aus dem Vater und dem Sohn hervor, wobei die beiden nicht als zwei Prinzipien oder Ursachen, sondern als ein einziges Prinzip zu verstehen seien. Vater und Sohn seien, da sie dieselbe Wesensgemeinschaft und dasselbe Leben hätten, so eng miteinander vereint, daß sie eine einzige Quelle ausmachten. Florenz erklärt, man könne auch sagen, der Vater hauche den Heiligen Geist durch den Sohn bzw. auch vermittels des Sohnes. Nicht als Instrumentalursache, als werkzeugliche Ursache, sondern aufgrund der gegenseitigen Liebesgemeinschaft wirke der Sohn mit beim Gehauchtwerden des Geistes. Doch weder die eine noch die andere Erklärung vermochte die Spaltung und den wechselseitigen Häresieverdacht zu überwinden. Bis heute haben die Diskussionen kein Ende gefunden.

Nichtsdestoweniger konnte das Problem auf theologischer Ebene beachtlich vertieft werden. So fragen die Theologen mit Fug und Recht, ob die Terminologie überhaupt passe: »Ursache«, »Hervorgang«, »Hauchung«... Der Eindruck lege sich nahe, der Heilige Geist komme an dritter Stelle und sei dem Vater bzw. dem Sohn untergeordnet. In Wirklichkeit jedoch gibt es in der Dreifaltigkeit keine Unterordnung, weil ja die drei Göttlichen in gleicher Weise ewig, unendlich und in allem gleich sind. Bei ihnen gibt es kein Vorher und kein Nachher, kein Darüber und kein Darunter. Wir haben davon auszugehen, wovon auch das Neue Testament ausgeht: von den drei Personen, vom Vater, vom Sohn und vom Heiligen Geist, die fortwährend in Beziehung und in Gemeinschaft miteinander stehen. Sie sind zugleich und treten stets zusammen auf. Um Mißverständnissen vorzubeugen, sollte man besser nicht von Ursache, Prinzip und Hervorgang sprechen, sondern von gegenseitigem Offenbaren und Erkennen. Jede Person steht in ständiger Beziehung, in Relation mit den beiden anderen, weil sie sie aufgrund der Perichorese, der gegenseitigen Durchdringung, in sich trägt. Jede

Person definiert und unterscheidet sich durch die Beziehung, die sie mit den beiden anderen unterhält. Dann aber können wir sagen: Der Heilige Geist ist die Offenbarkeit der Selbsthingabe, die Vater und Sohn einander schenken. Der Heilige Geist ist diese Liebe. Der Geist erkennt den Vater im Sohn. Der Geist sieht im Sohn den höchsten Ausdruck des Vaters. Der Geist ist die Freude über die Beziehung gegenseitigen Erkennens und Liebens zwischen Vater und Sohn. Falls aber jemand die bewährte Terminologie nicht missen möchte, kann er auch sagen: Der Vater »zeugt« den Sohn unter Beteiligung des Geistes und »haucht« den Heiligen Geist unter Mitwirkung des Sohnes. Zusammen mit dem Sohn bezeugt der Heilige Geist die Ursprunglosigkeit des Vaters, und so haben beide auch teil an der Ewigkeit, weil sich ja zwischen den göttlichen Personen alles in einem Hin-und-Herströmen ewigen Lebens und lebenschaffender Liebe befindet.

Das Verlangen der Christen nach einer auf Gleichheit beruhenden Gesellschaft, die durch die Mechanismen von Beteiligung und Mitbestimmung aller strukturiert ist und in der die Unterschiede respektiert werden, aber nicht zu Ungleichheiten entarten, findet seine Begründung in der Gleichheit der Würde, im Zugleich und in der liebenden Ko-Existenz der drei – sich unterscheidenden – göttlichen Personen.

47. Die weibliche Dimension des Heiligen Geistes

Mehr noch als im Blick auf den Vater und auf den Sohn erkannte die Theologie schon früh am Heiligen Geist weibliche Dimensionen. Da ist zunächst einmal das Wort »Geist«, das im Hebräischen weiblich ist. In der Schrift verbindet sich mit dem Geist immer die Vorstellung von Fruchtbarkeit und neuem Leben. Im Johannesevangelium wird das Wirken des Heiligen Geistes in einer typisch weiblichen Begrifflichkeit geschildert. Der Geist tröstet uns wie ein Beistand und ermahnt und lehrt uns, wie eine Mutter es mit ihren kleinen Kindern tut (vgl. Joh 14,26; 16,13). Er läßt uns nicht als Waisen im Stich (Joh 14,18). Die Paulusbriefe bezeugen vom Geist: Er lehrt uns, den wahren Namen Gottes zu stammeln: »Abba« (Röm 8,15). Sodann gibt er das Geheimnis des Namens Jesu, der der Herr ist (1 Kor 12,3), an uns weiter. Und schließlich führt er uns – wie eine Mutter – in das Gebet ein und lehrt uns, um die eigentlich wichtigen Dinge zu bitten (vgl. Röm 8,26).

Bereits das Alte Testament bringt den Geist mit weiblichen Funktionen in Verbindung. So versinnbildet, guten Auslegungen zufolge, allein schon das Schweben des Geistes über dem Urchaos der Schöpfung, ehe die Dinge in eine Ordnung gebracht worden sind, so etwas wie ein Brüten und infolgedessen das Entstehen jeder Art von Leben. In der Weisheitsliteratur wird die Weisheit bekanntlich geliebt wie eine Frau (Sir 14,22), als Mutter und Gattin beschrieben (Sir 15,2) und da und dort sogar mit dem Geist identifiziert (Weish 9,17). Es gibt Darstellungen der Dreifaltigkeit, auf denen der Heilige Geist in weiblicher Gestalt zwischen dem Vater und dem Sohn zu sehen ist. In den Oden Salomos, einer christlich-gnostischen Schrift aus Syrien, wird bei der Taufe Jesu die Taube, welche eines der Sinnbilder des Heiligen Geistes ist, Mutter genannt. Angesichts der Tatsache, daß die Empfängnis Jesu im Schoß der Jungfrau Maria sich dem Wirken und der Gnade des Geistes verdankt (Mt 1,18), nennen einige Kirchenväter den Heiligen Geist die göttliche Mutter des Menschen Jesus. Von Makarios, einem großen christlichen Theologen aus Syrien († 334), haben wir folgenden herrlichen Text: »Der Geist ist unsere Mutter, weil der Paraklet, der Tröster, uns trösten will wie eine Mutter ihr Kind, und weil die Gläubigen vom Geiste wiedergeboren und so die Kinder der geheimnisvollen Mutter, des Geistes, sind.«

In der Tat: Der Geist ist gegenwärtig bei der ersten Schöpfung und wirkt ebenso bei der Neuschöpfung, indem er über Maria kommt und sie den fleischgewordenen Sohn empfangen läßt. Bei der Taufe Jesu senkt er sich auf ihn herab, er treibt ihn zur Mission, und er erweckt ihn von den Toten (Apg 13,33; Röm 1,3). Er kommt über die Apostel herab und begründet damit die Kirche mitsamt ihrem missionarischen Engagement. Im Leib Christi, das heißt: in der Kirche, empfängt der Geist wie eine Mutter neue Brüder und Schwestern Jesu und erfüllt die christlichen Gemeinden durch Charismen und Dienste mit Leben.

Wir wiederholen, was wir schon zuvor sagten: Der Geist besitzt weibliche und männliche Dimensionen, aber er ist jenseits der Geschlechter. Die Werte, die wir am Weiblichen in der Frau wie im Mann entdecken, haben im Heiligen Geist eine ihrer ewigen Quellen.

Gott begegnet uns in Werten, die in unserer Kultur als männlich gelten, wie Stärke, Entschlossenheit und Arbeit, wobei sich dieses Männliche aber sowohl im Mann als auch in der Frau findet. Darüber hinaus aber begegnet uns Gott in weiblichen Werten, die ebenso beiden Geschlechtern zu eigen sind, wie Zärtlichkeit, Sinn für das Geheimnis und Fürsorge. Der Heilige Geist hat es bei seinem Wirken unter uns vor allem mit dieser Seite der menschlichen Existenz zu tun.

48. Die Sendung des Heiligen Geistes: Einheit stiften und das Neue schaffen

Das Wirken des Heiligen Geistes in der Geschichte spiegelt sein Wirken im Schoß der Dreifaltigkeit wider. Hier ist er das Prinzip der Verschiedenheit und der Einung der Unterschiedenen (des Vaters und des Sohnes). Aus diesem Grund ist er die Liebe und die Gemeinschaft par excellence, auch wenn jede göttliche Person Gemeinschaft und Liebe ist. Wo immer wir in der Geschichte Kräfte der Liebeszuwendung, der Versöhnung und des Zusammenlebens unterschiedlicher Richtungen erfahren, erfahren wir die unaussprechliche Gegenwart und das unerklärliche Wirken des Heiligen Geistes. Der Geist durchdringt die Taten der Menschen, so daß diese den Heilsplan der Dreifaltigkeit in die Tat umsetzen. Insbesondere jene Männer und Frauen, welche die Geschichte gestalten, die Menschen auf charismatische Weise führen, neue Horizonte schaffen und neue Wege eröffnen, bringen die Kraft des Heiligen Geistes zum Ausdruck. Doch vor allem die Armen, wenn sie der Unterdrückung widerstehen, sich im Einsatz für Leben, Brot und Freiheit zusammenschließen und bei allem Kämpfen weder den Glauben noch die Zärtlichkeit gegenüber den anderen verlieren, sind die großen geschichtlichen Sakramente der wirkmächtigen Gegenwart des Heiligen Geistes.

Der Heilige Geist geht einher mit dem Neuen und Alternativen. Keiner kommt ohne Gesetze, Gepflogenheiten und Institutionen aus. All diese Instanzen geben Sicherheit und Richtung. Gleichwohl ist der menschliche Geist immer offen, nach oben und nach vorn. Er ist unersättlich. Von Zeit zu Zeit überkommt uns eine Identitätskrise, die Sterne unseres Himmels hören auf zu strahlen. Gesellschaften müssen und wollen sich neu orientieren. Revolutionen schaffen ehrwürdige Institutionen ab und verlassen ausgetretene Wege. Neue Pfade tun sich auf, und eine neue Ordnung bricht an. In solchen Prozessen struktureller Veränderung, die in der Regel nicht ohne Schmerz abgehen, ist der Heilige Geist zugegen. Er ist es, der den neuen Himmel und die neue Erde schafft. Bildlich könnte man sagen, der Heilige Geist sei die schöpferische Vorstellungskraft Gottes. Namentlich die Kirche ist das Wirkungsfeld des Geistes; denn die Kirche ist das Sakrament des Geistes Jesu. Neben der Machtstruktur, welche die Kirche legitimerweise hat, gibt es auch das Charisma, das sie vom Geist hat. Der Heilige Geist holt die Botschaft Jesu ins jeweilige Heute und verhindert, daß in der Gemeinde autoritäres Verhalten Platz greift, daß die gottesdienstlichen Feiern zu Ritualismus verkommen und daß die christliche Reflexion in ein langweiliges Wiederholen vom Formeln abgleitet. In den Sakramenten und da vor allem in der Eucharistie zeigt sich die Heilskraft des Geistes. Er kommt als Gnade, die unser Leben vergöttlicht, und dank seinem Wirken gewinnen die Worte Christi, mit denen dieser das eucharistische Sakrament eingesetzt hat, Wirksamkeit und bringen die heilige Menschheit Christi in unsere Mitte, unter den Gestalten von Brot und Wein.

Was würde aus der Gesellschaft, was würde aus den Kirchen, tauchten nicht immer wieder Erneuerer auf, schöpferische Gestalten, die neue Ideen verbreiten, neue Rhythmen anschlagen und neue Wege entdecken für Erziehung und Bildung, Ernährung und Landwirtschaft, Politik und Religion? In derlei Falten des sozialen Gewebes erweist sich der Heilige Geist als Schöpfer und Lebensspender.

49. Die einzigartige Beziehung zwischen dem Heiligen Geist und Maria

Zusammen mit dem Sohn wurde der Heilige Geist zur Erde gesandt, um alle Geschöpfe zu heiligen und in den Schoß der Dreifaltigkeit zurückzuführen. Doch wer hat sich dem Kommen des Heiligen Geistes geöffnet? Wer ihn aufgenommen? Zu wem kam er persönlich und in voller Hingabe? Die Theologie ist uns bis heute eine genaue Antwort auf diese Fragen schuldig geblieben. Gewiß, wir wissen, daß der Geist im Leben aller Armen und Gerechten der Geschichte gegenwärtig ist, daß sich seine Gegenwart in der Gemeinschaft der Gläubigen noch verdichtet, daß er insbesondere in den Sakramenten wirkt und dem Papst bis hin zur Unfehlbarkeit beisteht, wenn dieser für die ganze Kirche spricht, um den kirchlichen Glauben in einer für alle bewußt verbindlichen Form auszudrücken. Doch bleibt die Frage, ob sich die persönliche Gegenwart des Geistes in der Zeit nicht noch konkreter benennen läßt, wie dies ja in bezug auf den Sohn möglich ist. Der Sohn trat ein in die Menschheit Jesu; das ist das Kernstück der Inkarnation, der ungesonderten und unvermischten Einheit zwischen der menschlichen und der göttlichen Wirklichkeit in Jesus von Nazaret, dem Sohn Gottes und unserem Bruder dem Fleische nach. Ist es da abwegig, im Hinblick auf den Heiligen Geist etwas Ähnliches zu vermuten? In der Tat: Eine ehrfurchtsvolle Theologie sollte nach einer Hypothese (einem Theologoumenon) Ausschau halten, die, ohne die bekannten Glaubenswahrheiten zu verletzen, noch tiefer in die Erkenntnis und in die Liebe der Dreieinigkeit vordringt. Natürlich liegt uns überhaupt nicht an einer offiziellen Lehre, die im Religionsunterricht unters Volk gebracht werden könnte. Wir möchten lediglich, mit Ernst und Ehrfurcht, die Geheimnisse Gottes noch tiefer ergründen.

Diese fordern uns ja ständig heraus und laden uns ein, uns noch tiefer in sie zu versenken. So möchten wir also eine theologische Hypothese vortragen.

Im Lukasevangelium findet sich ein Text über Maria, der uns erhellend zu sein scheint: »Der Heilige Geist wird über dich kommen, und die Kraft des Höchsten wird dich überschatten. Deshalb wird auch das Kind heilig und Sohn Gottes genannt werden« (1,35). Es wird also gesagt, der Geist werde über Maria kommen, was ja auch tatsächlich geschah. »Überschatten« ist der biblische Ausdruck dafür, daß der Heilige Geist in Maria sein Zelt aufschlägt, mit anderen Worten: daß er in Maria in greifbarer Weise präsent wird (vgl. Ex 40,34–35). Mit Recht nennt das II. Vatikanische Konzil Maria »Heiligtum des Heiligen Geistes« (Lumen gentium, 53). Die Gegenwart des Geistes in Maria macht sie zur Mutter, in der Weise, daß ihre menschliche Mutterschaft zu einer göttlichen Mutterschaft wird. Deshalb ist das Kind »Sohn Gottes«. Das Konzil sagt: Maria ist »gewissermaßen vom Heiligen Geist gebildet und zu einer neuen Kreatur gemacht« (Lumen gentium, 56). Wenn sie »gewissermaßen vom Heiligen Geist gebildet« ist, ist damit einschlußweise gesagt, daß sie in einer einzigartigen Beziehung zur dritten Person der Dreifaltigkeit steht. So erfährt die Frau die höchste aller möglichen Würdigungen, ähnlich der des Mannes in Jesus. Mann und Frau sind Bild und Gleichnis Gottes, Bild und Gleichnis der Dreieinigkeit (Gen 1,27). Beide haben teil an der Gottheit, jeder auf seine, aber deshalb nicht minder reale und wahre Weise. Und wir als Brüder und Schwestern Jesu und Marias werden in Gemeinschaft mit ihnen und jeder von uns auf die für ihn spezifische Weise daran teilhaben.

Durch die Inkarnation des Sohnes wurde das Männliche vergöttlicht. Und das Weibliche? Hat denn das Weibliche nicht die gleiche Würde? Ist es denn nicht zusammen mit dem Männlichen Bild und Gleichnis des dreifaltigen Gottes? Soll das Gleichgewicht, so wie Gott es gewollt hat, gewahrt bleiben, muß auch das Weibliche vergöttlicht werden. Was hindert uns, Maria als die zu betrachten, in der der Heilige Geist Wohnung genommen und das Weibliche auf die Ebene des Göttlichen erhoben hat?

X. Die Dreifaltigkeit im Himmel und die Dreifaltigkeit auf der Erde: Die innere Geschichte der Dreifaltigkeit spiegelt sich in der äußeren Geschichte der Schöpfung

50. Wie im Anfang: Die Ewigkeit der Dreifaltigkeit

Wir leben in der Zeit. Die Zukunft kommt, passiert die Gegenwart und wird zur Ver-gangen-heit. Oder umgekehrt: Wir kommen aus der Vergangenheit, durchschreiten die Gegenwart und bewegen uns in Richtung Zukunft. Allesamt haben wir einen Anfang, eine Mitte und ein Ende. Immer stehen wir innerhalb einer begrenzten Spanne Zeit. Mit der Dreifaltigkeit ist das anders. Die Dreifaltigkeit ist ewig, sie hat weder Anfang noch Ende. In ihr begegnen wir einem unauslotbaren Geheimnis, das unser Denk- und Vorstellungsvermögen übersteigt. Läßt sich aber nicht dennoch ein wenig Licht auf dieses Geheimnis werfen? Vielleicht geht dies nur negativ, das heißt: indem wir sagen, was Ewigkeit nicht ist. Was Ewigkeit positiv ist, entgleitet unserem Fassungsvermögen ganz und gar. Nichtsdestotrotz brauchen wir nicht zu verstummen. Wenn auch die Begriffe fehlen, so können wir doch zumindest Hinweise geben.

Ewigkeit bedeutet nicht endlose und unbegrenzte Zeit, heißt nicht altern ohne Ende. Ewigkeit besagt bleibende und ungefährdete Jugend. Wäre Ewigkeit endlose Dauer, dann müßten wir sagen, Gott habe kein Ende. Nun haben aber auch vernunftbegabte Geschöpfe kein Ende. Dank dem Liebesakt der drei göttlichen Personen begannen sie irgendwann ihre Existenz und werden für immer in der trinitarischen Gemeinschaft verewigt. Aber sie haben eben angefangen zu existieren! Die Dreifaltigkeit hat nie angefangen. Sie hat immer existiert, seit Anbeginn und ewig, und wird nie aufhören zu existieren. Hier stoßen wir an die Grenzen unseres Verstehens. Wie soll man sich jemanden vorstellen, der immer existiert hat? Unsere Erfahrung lehrt uns, daß alles, was uns bekannt ist, eines Tages einen Anfang hat, sich entwickelt und dann stirbt. Beziehungsweise im Fall des Menschen: Irgendwann wird er geboren und geht dann in die Ewigkeit ohne Ende ein. Was uns Schwierigkeiten macht, ist weniger die Endlosigkeit als vielmehr die Anfangslosigkeit. Mithin besagt »Ewigkeit« keine Quantität. »Ewigkeit« will eine göttliche Qualität zum Ausdruck bringen. Die Dreieinigkeit ist so vollkommen und hat das Leben in einer solchen Fülle und Gleichzeitigkeit, daß ihr auch nicht die geringste Unzulänglichkeit anhaftet. Offensein und In-Gemeinschaft-Stehen ist hier Vollkommenheit. Wenn also die Dreifaltigkeit andere Personen, ja das ganze Universum in ihre perichoretische Gemeinschaft mit hineinnimmt, dann tut sie das nicht aus Ermangelung, sondern aus Überfülle. Sie entfaltet und äußert sich unendlich und ist in jedem Augenblick absolut und vollends die Fülle.

Wenn wir sagen, die Dreifaltigkeit existiere seit Anfang, wollen wir damit folgendes bekennen: Bevor die geringste Atommenge bestand, das leiseste Anzeichen von Leben sich angedeutet und die Folge der Zeiten überhaupt eingesetzt hatte, existierte schon der Vater und brachte sich voll und ganz im Sohn zum Ausdruck, und beide liebten mit unendlicher Liebe den Heiligen Geist. Wir Geschöpfe befanden uns in Gottes Vorstellung als Entwurf, der in einem bestimmten Moment Wirklichkeit werden sollte, so daß wir an der trinitarischen Gemeinschaft teilhaben könnten. Doch was wir da sagen, vermag keiner von uns zu begreifen. Deshalb möchten wir nur soviel festhalten: Die Liebe, die Gemeinschaft und die Liebesbindung zwischen den göttlichen Personen ist eine so außerordentliche und dichte Realität, daß sie immer existiert hat und immer existieren wird.

Ewigkeit ist nur dann ein Problem, wenn wir sie verstehen wollen. Doch verstehen werden wir sie nie. Dagegen wird Ewigkeit zu einer Quelle von Freude, sobald wir wissen und glauben, daß wir an ihr teilhaben werden, in einem Fest ohne Ende, in einem ungetrübten Zusammenleben wie unter Geschwistern und Freunden, in einem strahlenden Sieg über die Zeit, ohne irgendeinen Schatten von Bitterkeit.

51. Die Dreifaltigkeit des Himmels offenbart sich auf der Erde

Die Dreieinigkeit offenbart sich, wie sie ist: als Gemeinschaft des Vaters, des Sohnes und des Heiligen Geistes. Die Apostel und die ersten Christen entdeckten, daß Gott Vater in Schöpfung und Geschichte gegenwärtig und am Werk ist. Ihnen wurde klar, daß in Jesus von Nazaret der Sohn Gottes Fleisch geworden war. Und ihnen ging auf, daß der Heilige Geist in der Geschichte mitsamt ihren Veränderungen ebenso wie in der Gemeinde wirkt und daß er die Herzen der Menschen bewegt, damit sie Gott als Vater erkennen und Jesus als Sohn Gottes annehmen, der die Menschen durch sein Leben voll Engagement für Gerechtigkeit und voll grenzenloser Liebe, durch seinen Tod und durch seine Auferstehung gerettet hat und der auch weiterhin die Geschichte durchdringt, um sie zu ihrem guten Ende zu führen. Die drei Personen nannten sie Gott, ohne damit dem Polytheismus zu verfallen oder den Glauben an den einen Gott zu verraten. Seither wird Gott als Dreifaltigkeit verstanden, will sagen: als Gemeinschaft des Vaters, des Sohnes und des Heiligen Geistes, die ein einziger Gott der Liebe, des Lebens und der Kommunikation sind.

Aufgrund dieser geschichtlichen Erfahrung dürfen wir sagen: Wenn uns deutlich wird, daß unter dem Namen »Gott« drei Personen existieren, dann deshalb, weil Gott in sich selbst dreifaltig und Gemeinschaft dreier Personen ist. Die drei Personen sind nicht bloß in unserer Wahrnehmung real, sie sind in sich selbst Realität. Die Dreifaltigkeit der Erde entspricht der Dreifaltigkeit des Himmels. Aber auch die Umkehrung gilt: Die Dreifaltigkeit des Himmels findet ihre Entsprechung in der Dreifaltigkeit der Erde.

Begründen läßt sich dieser Satz ausgehend vom Geheimnis der Vereinigung des Sohnes mit der Menschheit Jesu von Nazaret und von der Herabkunft des Geistes auf die Jungfrau Maria, die Lukas bezeugt (1,35). Der Sohn ist wirklich in Jesus gegenwärtig, so daß wir sagen können: Diese greifbare Menschheit hier ist die Menschheit Gottes selbst. Der Heilige Geist ist (nach unserem Verständnis) in einer solchen Weise in der Jungfrau Maria zugegen, daß er ihre Fähigkeit zur Mutterschaft wirksam werden läßt und sie tatsächlich zur Mutter Gottes macht. Das Kind, das sie zur Welt bringt, ist der Sohn Gottes (Lk 1,35). Der Geist wie der Sohn sind unter uns. Doch beide verweisen auf den Vater. Der fleischgewordene Sohn bekennt unablässig, er sei vom Vater gesandt. Auch der Geist ist, auf Bitten des Sohnes hin, vom Vater gesandt. So erkennen wir, daß die Dreifaltigkeit insgesamt in unserem Leben gegenwärtig ist. Und das ist ein Zeichen dafür, daß sie nicht unser Werk ist. Sie hat ihre Existenz in sich selbst. Die letzte Wirklichkeit der Schöpfung ist die Gemeinschaft der göttlichen Drei. Wir sind von ihnen umfangen. Sie laden uns ein, an ihrem Leben teilzuhaben, in ihre Gemeinschaft hineinzukommen und Teil des Reiches der Dreifaltigkeit zu werden.

Wir haben nicht den geringsten Zweifel daran, was das Wichtigste in der Welt sei. Es geht dabei um die Fragen: Was steckt hinter den Dingen? Was trägt und durchdringt alles? Worauf verweist das Verlangen unseres Herzens? Die Antwort lautet: Es ist die Gemeinschaft der Verschiedenen, die Liebe, die alles vereint, es sind der Vater, der Sohn und der Heilige Geist, die immer beisammen und zusammen mit uns sind.

52. Die Ehre und die Freude der Dreifaltigkeit

Aufgrund der Inkarnation des Sohnes in Jesus und der Herabkunft des Heiligen Geistes auf Maria entwickelt sich eine Geschichte der Dreifaltigkeit innerhalb unserer Geschichte als Menschen. Allerdings zeichnet sich diese Geschichte nicht durch sichtbare Dimensionen von Größe, Ehre und Macht aus. Der Weg, den Gott im Alten und Neuen Testament, ja sogar in den Weltreligionen bevorzugt, ist der Weg der Schlichtheit und Demut. Jesus war ein armer Wanderprediger, der nicht die geringste Macht hatte, es sei denn die, die aus prophetischem Wort und radikaler Güte erwächst. Maria war eine Frau aus dem einfachen Volk, sie ging ihren Weg in der Dunkelheit des Glaubens und teilte die Enge der geschichtlichen Befindlichkeit ihres Sohnes. Und dennoch waren sie die lebendige Gegenwart des Sohnes und des Heiligen Geistes unter uns. Auch in der Situation der Demütigung bekundeten sie, was der Sohn bzw. was der Heilige Geist im Innern der Dreifaltigkeit ist. Jesus offenbart das barmherzige Antlitz des Vaters, insofern er selbst gegenüber den Sündern, denen er begegnet, Erbarmen walten läßt.

Gegen alle Verzerrungen der Religion seiner Zeit setzt er die Wahrheit Gottes. Diese macht den Menschen frei, nimmt ihm die Last der Traditionen und deckt die grundlegende Berufung auf, die an jeden und an jede ergeht: Alle sind wir zu Liebe, Vergebung und Dienst am Nächsten berufen, und zwar auch dann, wenn die Treue zu dieser Wahrheit das Leben kostet. Das gleiche gilt für den Heiligen Geist: Er ist die Kraft zum Widerstand, die Einheit, die alle verbindet, der Mut in Schwierigkeiten, die Befreiung der Unterdrückten. Maria folgte ihrem Sohn mit derselben Zielrichtung, hielt die Gemeinde an Pfingsten zusammen, stand auch unter dem Kreuz ihres Sohnes treu zum geheimnisvollen Willen des Vaters und hatte den Mut, Gott den Befreier zu bitten, zugunsten der Armen einzugreifen und die Zwangsverhältnisse hier auf der Erde aufzuheben (vgl. Lk 1,51 – 53). Mit anderen Worten: Die Dreifaltigkeit ist in der Geschichte gegenwärtig dank dem Vater, der den Sohn und den Heiligen Geist sendet; und diese machen sich durch ihr konkretes Kommen in Jesus und Maria das gesamte menschliche Leben zu eigen, samt den ganz gewöhnlichen Unzulänglichkeiten der sterblichen und von den Folgen der Sünde gezeichneten Existenz. Von innen heraus haben sie sie befreit.

Andererseits darf sich der Glaube nicht damit zufriedengeben, lediglich das innere Leben der drei göttlichen Personen in sich ein wenig zu beleuchten. Er muß auch etwas von der unendlichen Freude vermitteln, die in den trinitarischen Beziehungen herrscht. Drei Blicke bilden eine einzige von Liebe geprägte Sicht. Die Drei vermählen sich zu einer einzigen Lebensgemeinschaft. Sie durchdringen einander in einem Hinundherwogen des Selbstschenkens und stellen eine Ekstase von Innerlichkeit, Wärme und ausstrahlender Zärtlichkeit her. So stehen wir vor einem unendlichen Glück, vor einem Ozean der Verwirklichung ohne Grenzen, vor einer

Faszination gegenseitiger Verzauberung, vor einem Leben in ewiger Fülle. Wir gewahren die Ehre und die Freude des Vaters, des Sohnes und des Heiligen Geistes, vereint in unsagbarer Gemeinschaft.

Einheit der Verschiedenheit ist als Kernstück des Geheimnisses der Dreifaltigkeit nicht nur der intellektuelle Ausdruck des Glaubens an Gott, der Gemeinschaft ist, sondern bildet auch eine Quelle subjektiver Verwirklichung, überströmender Freude, erfahrener Schönheit und heiteren Humors.

53. Schöpfung – auf Gemeinschaft hin entworfen

Gott ist in seinem innersten Geheimnis nicht Einsamkeit, sondern Gemeinschaft dreier göttlicher Personen. Aus ihrem ganzen Wesen heraus will die Gemeinschaft zwischen Vater, Sohn und Heiligem Geist ausstrahlen. Deshalb entfaltet sie sich in tausend Formen.

Die Dreifaltigkeit wollte Gefährten in ihrer ewigen Gemeinschaft haben. Der verborgene Sinn aller Schöpfung besteht ja gerade darin, etwas anderes zu sein als Gott, um Gott in sich aufnehmen zu können; etwas anderes zu sein als die Dreifaltigkeit, um in die Gemeinschaft der Dreifaltigkeit hineingenommen zu werden.

Das Schöpfungswerk ist nicht notwendig in dem Sinn, daß Gott es hätte vollbringen müssen. Die Schöpfung erwächst vielmehr aus der Freiheit und der Liebe der drei göttlichen Personen insofern, als diese ihre Gemeinschaft ausweiten wollten auf eine andere Ebene, die etwas anderes ist als die ewige Dimension, in der sie unendlich zusammenleben, das heißt: auf die Ebene des Zeitlichen und Endlichen. An dieser Schöpfung sind die göttlichen Drei beteiligt. Die göttlichen Drei wirken nämlich stets gemeinsam, als ein einziges

Prinzip des Seins, des Lebens und der Liebe. Augustinus sagt sehr treffend, die Welt sei vom Vater durch den Sohn im Heiligen Geist geschaffen worden. Jede Person prägt der Schöpfung etwas von ihrer Eigentümlichkeit auf. Die Schöpfung ist deshalb so reichhaltig, weil sich hinter ihr und in ihr der Reichtum jeder göttlichen Person verbirgt, so wie diese selbst ist: immer unterschieden und doch immer in Gemeinschaft. Aus diesem Grund steckt auch in der Schöpfung, bei aller Unterschiedlichkeit und Buntheit, eine Dynamik, die auf Einheit, Übereinkunft und Gemeinschaft abzielt und die die innere Wirklichkeit der Dreieinigkeit widerspiegelt.

Die Schöpfung hat zwei Gesichter: ein zeitliches und sichtbares, das uns in der Abfolge all der Formen und Bekundungen des Seins begegnet, und ein ewiges und unsichtbares, das in der Idee und im Projekt der drei göttlichen Personen besteht. Die Möglichkeit der Schöpfung erwächst aus dem Innern der trinitarischen Gemeinschaft. In der Einheit mit dem Heiligen Geist offenbart sich der Vater ganz und gar im Sohn und dem Sohn. Das ewige Bild des Vaters, der mit dem Heiligen Geist zusammenzusehen ist, ist der Sohn. Doch im Sohn entwirft der Vater auch alle nur möglichen geringeren Bilder seiner selbst, und diese Bilder sind all die Geschöpfe, die das Universum ausmachen. Insofern die Schöpfung den Entwurf des Vaters im Sohn mit der Liebe des Heiligen Geistes darstellt, ist sie ewig und hat ihren Ort innerhalb des Kreises der trinitarischen Gemeinschaft. Insofern die göttlichen Drei aus der unendlichen Fülle der Bilder der Dreifaltigkeit einige auswählen, die außerhalb des Kreises ihrer inneren Gemeinschaft existieren sollen, entsteht die Schöpfung, wie wir sie jetzt haben. Was ewiges Projekt war, wird jetzt zeitliches Projekt; was zuvor Entwurf war, ist jetzt Wirklichkeit. So wird alle Realität von der Dreieinigkeit aus dem Nichts geholt. Obwohl etwas anderes als die Dreifaltigkeit, trägt sie gleichwohl die Kennzeichen der Dreifaltigkeit. Und weil sie etwas anderes ist, kann sie die persönliche Mitteilung jeder einzelnen göttlichen Person in sich aufnehmen und selbst in die trinitarische Gemeinschaft aufgenommen werden. Dazu sind wir da, und dazu ist alles da, was existiert.

Der tiefste Grund unserer Geschichte liegt in der inneren Geschichte der Dreifaltigkeit, im Spiel der wechselseitigen Beziehungen zwischen den göttlichen Dreien. Ewig schaffen sie Mannigfaltigkeit und Vereinigung.

54. Jede der göttlichen Personen wirkt bei der Erschaffung des Alls mit

In der Dreifaltigkeit ist alles dreifaltig. Das heißt: Alles fließt hin und her, alles schließt unentwegt die drei göttlichen Personen ein, alles ist Ausdruck der Gemeinschaft zwischen den drei göttlichen Unterschiedenen. Dasselbe gilt auch bezüglich der Schöpfung. In seiner »Summa theologica« sagt Thomas von Aquin, jede Person wirke auf ihre Weise und in steter Gemeinschaft mit den anderen (als ein einziges Prinzip) bei der Erschaffung des Alls. Zum Vergleich, so Thomas, solle man an einen Künstler denken: Dieser investiere nämlich in die Erstellung seines Kunstwerkes Verstand und Liebe. Analog dazu erschaffe der Vater die Welt – mit Hilfe des Verstandes, und das sei ja der Sohn, wie mit Hilfe der Liebe, und das sei der Heilige Geist. Somit verweist jedes Ding auf seinen Schöpfer, jedes Ding offenbart und setzt voraus eine höchst logische Weisheit, jedes Ding ist liebenswert und Ausdruck möglicher Liebe. In einem Wort gesagt: Jedes Ding und jedes Seiende ist Bild und Gleichnis der Dreifaltigkeit. Doch wie kann man sich dieses enge Zusammenwirken der drei Personen bei der Erschaffung des Alls vorstellen? Der Vater wirkt als unauslotbares Geheimnis, als der, an dem wir sehen, daß die Dreieinigkeit ewig ist, keinen Anfang hat und doch allem seinen Anfang gibt. Allen Dingen haftet der Charakter des Geheimnisses an; sosehr man auch meint, sie zu kennen, immer lassen sie sich noch gründlicher erkennen. Alles verweist auf eine höhere Ursache, die es ermöglicht hat. Darin kündigt sich das Geheimnis des Vaters an. Umgekehrt ist jedes Ding Ursache für andere Dinge. Jedes Ding hat einen Ursprung, wird zugleich aber auch zum geschaffenen Ursprung eines anderen Dinges. Wiederum ist es Ausdruck des Vaters, der – selbst ohne Ursprung – sich im Ursprung aller Dinge findet. Jedes Ding hat eine väterliche und eine mütterliche Dimension.

Der Sohn ist Offenbarung und Vernunft. Jedes Geschöpf offenbart etwas von Gott. Es zeugt von der Gegenwart einer höchsten Weisheit. Jedes Seiende ist so strukturiert, daß es sich stets offenbart, seine Wahrheit zu erkennen gibt und so in Kommunikation mit dem anderen tritt. Charakteristika dieser Art geben die Gegenwart des Sohnes in der Schöpfung zu erahnen. Aus diesem Grund haben alle Dinge etwas Brüderliches und Schwesterliches, sind Brüder und Schwestern untereinander.

Der Heilige Geist ist Liebe und Einung. Im Geist wird die Gemeinschaft, die ja den Kern des göttlichen Geheimnisses ausmacht, sichtbar. Die Dinge des Universums stehen nicht einfach nebeneinander, sondern bilden Sinnzusammenhänge. Trotz des augenscheinlichen Chaos hat alles seine Ordnung. Insbesondere unter den Menschen gelten Liebe und Streben nach Einung und Gemeinschaft. Wir erkennen in solchen kosmischen und vitalen Energien Zeichen für die Gegenwart des Heiligen Geistes. Von allen Geschöpfen geht ein geistiger Appell aus, aus dem der göttliche Geist spricht.

In jeder Kreatur wie in der Schöpfung als ganzer sind diese drei göttlichen Energien am Werk. Doch dreht es sich dabei nicht um irgendwelche blinden Kräfte. Immer geht es um Wirkmächte von Personen, die, voneinander unterschieden, gleichwohl in Gemeinschaft miteinander stehen und Tiefe, Licht und Wärme ins All bringen.

Jedes Sein, das existiert, trägt das Merkmal des Vaters und erweist sich damit als Geheimnis. Aber es trägt auch das Merkmal des Sohnes und ist damit erkennbar; es ist etwas Brüderliches und Schwesterliches. Und schließlich trägt es das Merkmal des Heiligen Geistes; deshalb können wir es lieben, und deshalb speist es die geistig-geistliche Dimension in uns.

55. Zeichen der Dreifaltigkeit – im Schatten der Geschichte

Der Kosmos und das Leben des Menschen haben trinitarische Struktur. So entspricht es der Schöpfungsordnung wie auch der Ordnung der Gnade. Wir können und wir müssen uns diese Dimension bewußt vor Augen halten. Allerdings spüren wir in der gegenwärtigen Zeit nichts von der Lust und der Freude, die das bedeutet. Wir tasten uns voran, im Licht des Glaubens, aus der Kraft der Hoffnung und um Liebe bemüht. Die Zeichen für die Dreifaltigkeit geben sich nur in der Dunkelheit des Verstandes zu erkennen. Wir glauben, ohne mit hinreichender Deutlichkeit zu sehen, was wir glauben. Dunkel ist vor allem die Gegenwart der göttlichen Personen im Prozeß von Geschichte und Gesellschaft. Hier scheint es nur Konflikte und Widersprüche zu geben. Schließlich tut die Sünde ihr böses Werk, indem sie die von der Dreifaltigkeit gewollte Gemeinschaft zersetzt. Dies also ist das Umfeld, in dem Glauben von uns gefordert ist und in dem wir uns nicht nur von dem führen lassen dürfen, was man anfassen kann. Der Glaube blickt hinter die bloß sichtbaren Dinge und schaut tiefer – bis dorthin, wo die Dinge an das Geheimnis Gotts rühren.

So läßt uns der Glaube spüren, daß dem Kampf der Unterdrückten gegen die Sünde des Hungers und der Gewalt eine besondere trinitarische Dichte eignet. Jedesmal wenn die Armen wieder von vorn anfangen müssen, nachdem alles gescheitert ist, aber auch wenn sie einen Erfolg errungen haben, ist das ein Zeichen für den Vater, der sich in ihrem Bemühen ankündigt. Jedesmal wenn die Kleinen trotz aller Widersprüche einen Schritt in Richtung auf geschwisterliche und lebensfreundlichere Beziehungen tun, wird darin etwas vom Sohn offenbar. Und wo Unterdrückte Eintracht praktizieren, wo Vertreter unterschiedlicher Interessen im Sinne des Gemeinwohls zusammenfinden, wo Ängstliche den Mut haben, sich Hindernissen zu stellen oder ein anprangerndes Wort zu sagen, und wo Menschen geschickt Alternativen entwickeln oder Solidarität mit den am härtesten Unterdrückten praktizieren und sich womöglich mit deren Sache und Leben identifizieren, da erkennen wir Fingerzeige auf Gegenwart und Wirken des Geistes in der Geschichte.

In der Geschichte sind Menschen im Spiel. Deshalb gibt es in der Geschichte Antagonismen ebenso wie Konvergenzen. Und deshalb hat die Geschichte Sinn und entwickeln sich immer wieder neue Sinngehalte in ihr, während zugleich aber auch persönlicher und kollektiver Widersinn unausrottbar ist. Alldem zum Trotz ist die Geschichte die verborgene Wohnstatt des erhabenen Geheimnisses des Vaters, des Sohnes und des

Heiligen Geistes. Die Wirkung ihrer Gegenwart ist unabweislich: Furchtsame schöpfen Mut zu kämpfen, Schwache fühlen sich stark, der Macht der Sünde zu widerstehen, Phantasielose entfalten Kreativität und sind entschlossen, die Geschichte zu verändern. Die Geschichte ist das Theater, in dem das Stück von der möglichen Ehre der Dreifaltigkeit gespielt wird; in der gegenwärtigen Zeit immer überlagert von Schatten und Kreuzen; am Ende der Zeit in der Gestalt uneingeschränkter Offenkundigkeit und eines nie endenden Festes. Das All geht schwanger mit dem Geheimnis der Heiligsten Dreifaltigkeit, so nahe, daß wir es geradezu spüren können, so transzendent, daß wir es nirgends zu fassen imstande sind, so innerlich, daß es in der tiefsten Schicht unseres Herzens wohnt, und so real, daß weder die ganze Sündenmacht noch ihre verhängnisvollen Konsequenzen ihm etwas anhaben können.

Es wäre ein Irrtum und eine Beleidigung Gottes, wollte jemand sagen, die Dreifaltigkeit sei ein solch unergründliches Geheimnis, daß sie nirgends in der Schöpfung und im Leben des Menschen eine Spur hinterließe. Umgekehrt wäre es ein Zeichen für Glaubensschwäche und totale religiöse Fühllosigkeit, wollte jemand behaupten, er spüre weder etwas von der Gemeinschaft noch vom mannigfaltigen Reichtum noch von der Einheit aller Dinge.

56. So auch jetzt und allezeit: Dreifaltigkeit in der Schöpfung und Schöpfung in der Dreifaltigkeit

Die Schöpfung ist dazu da, die Dreifaltigkeit in sich aufzunehmen. Und die Dreifaltigkeit will ihrerseits die Schöpfung in sich hineinholen. Auf eine Kurzformel gebracht, kann man auch sagen: Der Dreifaltigkeit in der Schöpfung geht es darum, die Schöpfung in die Dreifaltigkeit hineinzunehmen. Doch wird es in der Geschichte je einen Augenblick geben, in dem die Wirklichkeit Gottes, wie sie tatsächlich ist, manifest und innerhalb der Grenzen der menschlichen Kreatur erfaßt werden können? Ja, diesen Augenblick wird es geben. Eine Antizipation haben wir bereits erlebt mit der Fleischwerdung des Sohnes und mit der Herabkunft des Heiligen Geistes auf Maria und die Gemeinde der Nachfolger Jesu. Das heißt: Ein Stück unserer Geschichte ist schon Geschichte der Dreifaltigkeit geworden. Nun wird auch die Geschichte in ihrer Gesamtheit trinitarische Geschichte werden. Dann braucht keiner mehr irgendwelche Zeichen zu deuten; alle Welt wird sich über die unmittelbare und transparente Gegenwart freuen. Nachdem sich das All Millionen und Abermillionen von Jahren aufwärts entwickelt und seine verborgenen Möglichkeiten entfaltet und allmählich und schließlich offen zutage gefördert hat und nachdem es in einer kosmischen Krise von aller Verderbtheit geläutert worden ist, erreicht es endlich das Reich der Dreieinigkeit. Dank der verändernden Kraft des Geistes und vermittels des befreienden Wirkens des Sohnes findet das Universum letztlich zum Vater. Jetzt beginnt die eigentliche Geschichte der Schöpfung mit ihrem dreifaltigen Schöpfer. Das Geheimnis der Schöpfung begegnet dem Geheimnis des Vaters. Jede Kreatur wird ihrem ewigen Prototyp, dem Sohn des Vaters, gegenübergestellt werden. Gemeinschaft und Einheit, die zwischen allen herrschen, werden als Ausdruck des Heiligen Geistes offenbar werden. Die Schöpfung wird für immer mit dem Geheimnis des Lebens, der Liebe und der Gemeinschaft des Vaters, des Sohnes und des Heiligen Geistes vereint sein. Die Männer werden entdecken, daß der ewige Sohn sie nach dem Vorbild Jesu von Nazaret angenommen hat.

Fortan werden sie ewig Adoptivsöhne im ewigen Sohn sein, welcher der Ausdruck der Liebe, der Weisheit und des Lebens des Vaters ist. Und die Frauen werden – so zumindest unsere theologische Theorie – sich nach dem Vorbild Marias von Nazaret vom Heiligen Geist angenommen wissen. Männer und Frauen, auf diese Weise vergöttlicht, bekunden dann das mütterliche und väterliche Antlitz Gottes in – nunmehr einschließender – Gemeinschaft der Dreieinigkeit mit der Schöpfung und der Schöpfung mit der Dreieinigkeit.

Das Fest der Erlösten beginnt. Der himmlische Tanz der Befreiten fängt an. Wir gewahren das Zusammenleben der Söhne und Töchter mit dem Vater, mit dem Sohn und mit dem Heiligen Geist, in Heimat und Heimstatt der Dreifaltigkeit.

In der trinitarischen Schöpfung werden wir spielen und lobsingen. Lobsingen und lieben werden wir jede einzelne der göttlichen Personen ebenso wie die Gemeinschaft unter ihnen. Und sie werden uns einladen, zu lieben und zu loben, zu spielen und zu singen, zu tanzen und anzubeten von Ewigkeit zu Ewigkeit. Amen. Jetzt endlich wird die wahre Geschichte der Dreifaltigkeit in der Schöpfung und der Schöpfung in der Dreifaltigkeit beginnen. Was draußen war, wird hereingeholt werden; und was drinnen war, wird auch nach draußen mitgeteilt. Draußen und Drinnen stehen in bleibender Gemeinschaft – Gemeinschaft, die ja das Geheimnis der Dreieinigkeit ist.

Das ganze All, die Sterne über unseren Köpfen ebenso wie die Urwälder, die Vögel wie die Insekten, die Flüsse wie die Steine, alles, alles wird erhalten bleiben, aber verwandelt werden. Und wir, wir werden in einem großen Haus wohnen wie in einer einzigen Familie: Mineralwelt und Pflanzen, Tiere und Menschen zusammen mit dem Vater, dem Sohn und dem Heiligen Geist. Amen.

Schluß
Zusammenfassung der Trinitätslehre
Das Ganze in vielen Fragmenten

1. Wenn wir *Gott* sagen, haben wir das Wort immer im Sinn von *Dreifaltigkeit* zu verstehen. Die Dreifaltigkeit ist der Vater, der Sohn und der Heilige Geist; die Drei sind stets zusammen und stehen stets in vollkommener Gemeinschaft. Die vollkommene Gemeinschaft bewirkt, daß die drei göttlichen Personen ein einziger Gott des Lebens und der Liebe sind.

2. Von einem einzigen Gott zu reden, ohne Bezug zum Glauben an die Dreifaltigkeit, ist eine gefährliche Sache. Manch religiöser und politischer Führer beruft sich auf den Begriff eines einzigen Gottes, um damit sein autoritäres Regime und seinen Alleinanspruch zu rechtfertigen.

3. Was es uns möglich macht, zu erahnen, warum die drei göttlichen Personen ein einziger Gott sind, ist die *Perichorese*. Perichorese bedeutet, daß die göttlichen Drei ewig in einer gegenseitigen Beziehung, einer Interrelation stehen. Jede Person lebt in und von der anderen, mit der anderen und für die andere Person. Seit jeher sind sie miteinander verbunden und voneinander durchdrungen, so daß man nicht mehr von einer Person reden noch sich eine einzige Person vorstellen kann – zum Beispiel den Vater –, ohne auch die jeweils anderen mitzudenken und mitzusagen.

4. Kenntnis von der Dreieinigkeit in sich selbst haben wir allein aufgrund von Spuren, die sie uns in der Geschichte, im Leben der Menschen, in den Religionen und in der Bibel hinterlassen hat. Der Weg Jesu und das

Wirken des Heiligen Geistes in den ersten Christen machen deutlich, daß Gott als Vater, als Sohn und als Heiliger Geist existiert und daß die Drei fortwährend zusammen sind und in wechselseitiger Gemeinschaft stehen.

5. Die grundlegende Herausforderung, die der Glaube an die Dreieinigkeit uns stellt, ist die: Wie kann man sich Drei in Einem und Einen in Dreien vorstellen? Wie findet man von der Dreifaltigkeit der Person zur Einheit des einen Gottes bzw. wie von der Einheit des einen Gottes zur Dreifaltigkeit der Personen?

6. Die Kirche kleidet ihre offizielle Lehre in folgende Begrifflichkeit: Gott ist eine *Natur* in drei *Personen*. Die Natur steht für die Einheit der Dreifaltigkeit. Die Person steht für die Dreifaltigkeit in der Einheit. Ferner gibt es zwei *Hervorgänge*, wobei Hervorgang die Art und Weise ist, wie eine Person aus der anderen entsteht. Der Vater zeugt den Sohn (erster Hervorgang), während der Vater gemeinsam mit dem Sohn den Heiligen Geist haucht (zweiter Hervorgang). Weiter spricht die Kirche von *Relationen*, will sagen: von Verbindungen, die zwischen den drei Personen herrschen: Vaterschaft, Sohnschaft sowie aktive und passive Hauchung. Durch die Relationen unterscheiden sich die Personen voneinander, wie sie sich auch durch die jeweiligen persönlichen Eigentümlichkeiten voneinander unterscheiden. Schließlich kennen wir noch die *Sendungen*: die Sendung des Sohnes, der uns befreien und zu Töchtern und Söhnen machen soll, und die Sendung des Heiligen Geistes, der uns heiligen und in den Schoß der Dreifaltigkeit zurückholen soll.

7. Drei klassische Wege, die Trinitätslehre rational zu vertiefen, haben sich im Laufe der Geschichte entwik-

kelt: die orthodoxe, die lateinische und die moderne Theologie. Die *orthodoxe Theologie* (die Lehre der orthodoxen Ostkirche) setzt mit der Einheit der Natur des Vaters an. Der Vater ist Quelle und Ursprung aller Göttlichkeit. Mit seinem Mund spricht er das Wort; und das ist der Sohn. Indem er das Wort spricht, entläßt er zugleich auch den Hauch; und das ist der Heilige Geist. Die zwei empfangen vom Vater die ganze göttliche Natur, deshalb sind sie ihm wesensgleich. Die *lateinische Theologie* (die Lehre der römisch-katholischen Kirche) wie auch andere Theologien gehen von der göttlichen Natur aus, die ja geistig ist. Der absolute Geist, der keinen Ursprung kennt und allen Dingen ihren Ursprung gibt, ist der Vater. Der Vater erkennt sich durch seinen Verstand und zeugt den Sohn. Vater und Sohn lieben einander und hauchen gemeinsam den Heiligen Geist. In den Dreien »wohnt« ein und dieselbe Natur; deshalb gibt es nur einen einzigen Gott. Die *moderne Theologie* schließlich setzt bei den drei Personen insgesamt ein. Sie hebt hervor, die Drei ständen unentwegt in einer gegenseitigen Beziehung und in ewiger Gemeinschaft (Perichorese). Diese Beziehung sei so absolut, daß die göttlichen Drei sich vereinten, ohne sich zu vermischen, und damit ein einziger lebendiger Gott seien.

8. In drei Richtungen kann man sich den Glauben an die Dreieinigkeit falsch vorstellen: in Richtung des Tritheismus, des Modalismus und des Subordinatianismus. Der *Tritheismus* behauptet, wir hätten es mit drei Göttern zu tun: Vater, Sohn und Heiligem Geist. Im Tritheismus bleibt die Perichorese außer Betracht, das heißt: das ewige gegenseitige Ineinander der göttlichen Drei. Der *Subordinatianismus* läßt allein den Vater als wahren Gott gelten. Der Sohn und der Heilige Geist sind dem Vater untergeordnet und haben nicht dieselbe

göttliche Natur wie er. Hier ist die göttliche Gleichheit zwischen den drei Personen verneint. Der *Modalismus* geht von der Existenz eines einzigen Gottes aus, der sich aber auf drei Weisen in der Welt manifestiert. Bei der Erschaffung der Welt benutzt der eine Gott die Maske des Vaters, in seinem Befreiungshandeln tritt er als Sohn auf, und wenn er alles heiligt und in sein Reich zurückholt, zeigt er sich als Heiliger Geist. Im Modalismus kann man nicht mehr von der Personentrinität sprechen.

9. Alle technischen Begriffe, mittels deren wir versuchen, etwas von der Dreifaltigkeit zu verdeutlichen, haben Annäherungswert und sind analog und bildlich zu verstehen, wie »Zeugung« des Sohnes durch den Vater, wie »Hauchung« des Heiligen Geistes durch Vater und Sohn oder wie die anderen Wörter: »Natur«, »Person«, »Relation«, »Hervorgänge«, »Sendungen«. Ebenso richtig sind auch biblische Ausdrucksformen wie »Offenbarung«, »Erkennen«, »Gemeinschaft«, »Leben« und »Liebe«.

10. Die Vernunft ist nicht der einzige Zugang zum Herzen der Dreifaltigkeit. Auch die Phantasie ist ein guter Weg. Mit Hilfe der Phantasie erfassen wir besser die existentielle Bedeutung der Dreieinigkeit für unser Leben. Die Phantasie läßt uns spüren, daß Mensch, Familie, Gemeinschaft, Gesellschaft, Kirche und Kosmos Zeichen, Symbole und Sakramente der Dreifaltigkeit sind.

11. Dank der gegenseitigen Durchdringung (Perichorese) der drei göttlichen Personen ist alles dreifaltig an ihnen, und alles gehört allen. Das hindert jedoch nicht, daß jede der drei Personen eigene Tätigkeiten entfaltet und dadurch ihre jeweilige Eigentümlichkeit zum Ausdruck bringt.

12. Das spezifische Wirken des Vaters besteht darin, daß er im Akt der »Zeugung« des Sohnes im Licht des Heiligen Geistes auch die ganze Schöpfung entwirft. Aus diesem Grund eignet allen Dingen Geheimnischarakter (der auf den Vater zurückgeht), Kindescharakter (der dem vom Vater gezeugten Sohn zu verdanken ist) wie auch eine geistige Dimension (voller Dynamik, die vom Heiligen Geist kommt).

13. Das spezifische Wirken des Sohnes besteht darin, daß er uns in vollendeter Weise die Offenbarung zukommen läßt und daß er Fleisch wird. Durch die Menschwerdung befreit er uns von unserer Unmenschlichkeit, vergöttlicht uns und macht uns zu Söhnen und Töchtern Gottes.

14. Das spezifische Wirken des Heiligen Geistes besteht darin, daß er Einheit schafft, alles heiligt und neu macht. In umfassendem Sinn hat er das an Jesus getan und in einer ganz persönlichen Weise auch an Maria.

15. Die Schöpfung findet ihren letzten Sinn darin, daß sie Gefäß für die Mitteilung der drei göttlichen Personen sein kann. Die dreifaltige Gemeinschaft öffnet sich nach außen und lädt die Schöpfung mitsamt den Menschen und allen Kreaturen ein, an ihrem Gemeinschaftsleben teilzuhaben. So wird die Schöpfung, wenn die Geschichte an ihr Ende gekommen sein wird, der Leib der Dreifaltigkeit sein.

16. Die Gemeinschaft, welche die Natur der Dreieinigkeit ist, bedeutet Kritik an allen Formen, in denen Menschen – in Vergangenheit und Gegenwart – in der Gesellschaft wie in den Kirchen ausgeschlossen und übergangen werden. Ja, sie ist ein Impuls für all die Veränderungen, ohne die Gemeinschaft, Teilhabe und

Mitentscheidung auf den verschiedenen Ebenen des gesellschaftlichen und religiösen Lebens nie zu haben sein werden. Die Heiligste Dreifaltigkeit ist das beste Programm für die umfassende Befreiung.

17. Die Dreieinigkeit ist ein sakramentales Geheimnis. Mit anderen Worten: Die Dreieinigkeit ist eine Wirklichkeit, die sich unter vielerlei Zeichen zu erkennen gibt und die man immer noch besser erkennen kann, ohne daß menschliches Bemühen, ihrer inne zu werden, je an ein Ende käme. Deshalb werden wir auch in der Ewigkeit, wenn wir im Kreis der drei göttlichen Personen leben, nie aufhören, in der Erkenntnis zu wachsen. Immer noch werden uns neue Aspekte aufgehen, und immer noch wird uns der Hunger treiben nach Wissen, Liebe, Berührung und Zusammenleben.